Karl-Heinz Lindner

Von der Etsch bis an den Belt

Deutschlands Grenzen im Laufe von zwei Jahrtausenden in 180 Karten

DSZ Verlag

Druck: DSZ-Druck GmbH, 81238 München
Printed in Germany
ISBN 3-925924-16-7

VORWORT DES VERLAGES

Die unaufhörliche, selbstherrliche Ermahnung an die Deutschen, sie mögen gefälligst „aus der Geschichte die Lehren ziehen“ und „Irrwege der Vergangenheit“ vermeiden, steht in geradezu groteskem Widerspruch zu einer national wie international beispiellosen, offenkundig mit Vorsatz bewirkten weitverbreiteten Unkenntnis über historische Ereignisse und Abläufe in diesem Volk. Deutschlands Geschichte wird im doppelten Wortsinn verdunkelt.

Das führt zwangsläufig zu immer drängenderen Fragen vor allem der jungen Generation: Wie soll man aus einer Geschichte lernen, die nicht gelehrt wird? Warum macht man aus zwei Jahrtausenden deutscher Vergangenheit einen Steinbruch und mörtelt herausgehauene einzelne Quader zum Spukhaus und Horrorgemäuer zusammen? Warum darf man auf die Geschichte des eigenen Volkes nicht auch jenen Stolz empfinden, der allen anderen Nationen selbstverständlich ist?

Und es keimt Verdacht auf, daß eine Strategie der Machterhaltung von Kräften vorliegt, die in diesem Land nur deshalb obenauf sind, weil das Nationalbewußtsein unten ist, die darauf aus sind, eine sich wegen der Vergangenheit in Schuld und Sühne windende Untertanenschaft vom Versagen gegenwärtiger Machthaber abzulenken und leichter nach Gutdünken zu dirigieren.

Das vorliegende Buch von Karl-Heinz Lindner dient auf eindrucksvolle Art dem Ziel, Geschichtslosigkeit zu überwinden und verzerrenden Darstellungen entgegenzuwirken. Ohne daß die Schattenwürfe, die es zweifellos gegeben hat und die zur Gesamtschau zwingend gehören, ausgeblendet würden, kommen doch auch gebührend die zum Stolz berechtigenden lichten Seiten deutscher Geschichte zum Vorschein.

Zu nennen wäre beispielsweise der entscheidende deutsche Beitrag zum abendländischen Freiheitskampf gegen innereuropäische Zwingherren - von cäsarenwahnsinnigen Potentaten im alten Rom über Napoleon bis hin zu den bolschewistischen Diktatoren des 20. Jahrhunderts - wie auch zum Abwehrkampf gegen Eroberer aus den Weiten Asiens, die Europa unterjochen wollten und deren Wellen sich über anderthalb Jahrtausende am Widerstand vor allem der Deutschen brachen.

Das als „finster“ abgewertete deutsche Mittelalter leuchtet als die hohe Zeit des ersten Reiches der Deutschen, im Zeichen von dessen Vorherrschaft das Abendland wirtschaftlich und kulturell erblühte. Unter den Schwingen des Reichsadlers konnten sich auch nichtdeutsche Völker behaupten und entfalten.

Gerade am Beispiel des alten Reiches, das fast eintausend Jahre Bestand und damit als Staat eine Lebensspanne wie kaum ein anderer in der Weltgeschichte hatte, wird klar, wie irreführend die Darstellung ist, deutsche Macht führe zwangsläufig zum Verderben. Ganz im Gegenteil waren Chaos, Tod und Teufel nicht Konsequenz deutscher Stärke, sondern traten infolge Schwächung und Zerrissenheit des Reiches auf, auch vielen anderen Völkern Not und Elend bescherend. Und: Wieviel Blut und Tränen hätten nicht vergossen werden müssen, wäre mit Deutschland im bzw. nach dem Ersten Weltkrieg ein anständiger Frieden unter Erhaltung des Reiches als Machtfaktor im europäischen Konzert geschlossen worden!

Hauptgegenstand des Buches von Karl-Heinz Lindner ist der Wandel der Gestalt der Reiche/Machtbereiche der Deutschen bzw. im 20. Jahrhundert ihrer Republiken. Jede einzelne Grenzveränderung zum Ausland hin wird kartographisch dargestellt und sachkundig erläutert. Das Auf und Ab deutscher Geschichte ist überzeugend herausgearbeitet worden.

Nicht zuletzt wird deutlich, daß das schon so oft geweissagte Finis Germaniae, der endgültige Untergang der deutschen Nation und Staatlichkeit, nicht eingetreten ist. Immer wieder aufs Neue gelang es dem Volk in der Mitte Europas, aus schier hoffnungslosem Tief wieder aufzusteigen. Diese Erkenntnis möge jeden Anflug deutscher Schwermut austreiben nach dem Motto: Nation statt Resignation!

ERLÄUTERUNGEN

Die in diesem Kartenwerk gezeigten Außengrenzen Deutschlands gehen verschiedentlich über die staatsrechtlichen Grenzen des eigentlichen Reiches hinaus und sollen den effektiven Machtbereich deutscher Herrscher veranschaulichen. Dies ist insbesondere beim Ausgreifen Preußens und Österreichs nach Osten und Südosten, bei der Darstellung des Deutschen Bundes und des Großdeutschen Reiches der Fall. Die staats- bzw. völkerrechtliche Problematik ist bekannt; eingehende Erörterungen hätten den Rahmen des Buches gesprengt.

Mit Ausnahme Preußens und Österreichs, die als das deutsche Schicksal bestimmende Vormächte ab der Zeit nach Ende des Dreißigjährigen Krieges besonders berücksichtigt werden, mußte man davon Abstand nehmen, die einzelnen deutschen Territorien/Länder genau zu bezeichnen und ihre Entwicklung im Rahmen des Reichsgefüges darzustellen, weil ansonsten die Übersichtlichkeit verlorengegangen und das Hauptanliegen des Werkes, den Wandel der Grenzen Deutschlands zum ausländischen Bereich aufzuzeigen, stark beeinträchtigt worden wäre.

Alle Karten sind im selben Maßstab gefertigt worden, so daß man die Veränderungen durch Vergleich gut erfassen kann.

Bei der Auswahl der in den Karten erwähnten Städte war maßgeblich, daß sich der Leser von heute gut orientieren kann. Hinzu kam in einer Anzahl von Fällen die Erwägung über zunehmende oder verblassende Bedeutung der Stadt in der jeweiligen Kartenzeit. Selbstverständlich kann von Nichterwähnung von Städten nicht unbedingt auf mindere Bedeutung geschlossen werden. Nicht selten gaben reine Darstellungsüberlegungen (Platz) den Ausschlag für Erwähnung oder Nichterwähnung.

Bei der Schreibweise der Städte wurde die heute übliche deutsche Form gewählt. Im Falle von Lützelburg hat man nicht die altüberlieferte und bis ins 19. Jahrhundert gültige Namensform, sondern die französisierte (Luxemburg) benutzt, um allgemeinverständlich zu bleiben. Bei folgenden Städten wurde dem alten deutschen Namen der Vorzug vor den verwelschten Formen gegeben:

BISANZ (Besançon), RYSSEL (Lille), TULL (Toul), WIRTEN (Verdun).

Die Leserschaft wird ermuntert, sachdienliche Hinweise für zu erhoffende weitere Auflagen dieses Druckwerkes dem Verlag einzusenden.

Germanien

um 750 v. Chr.

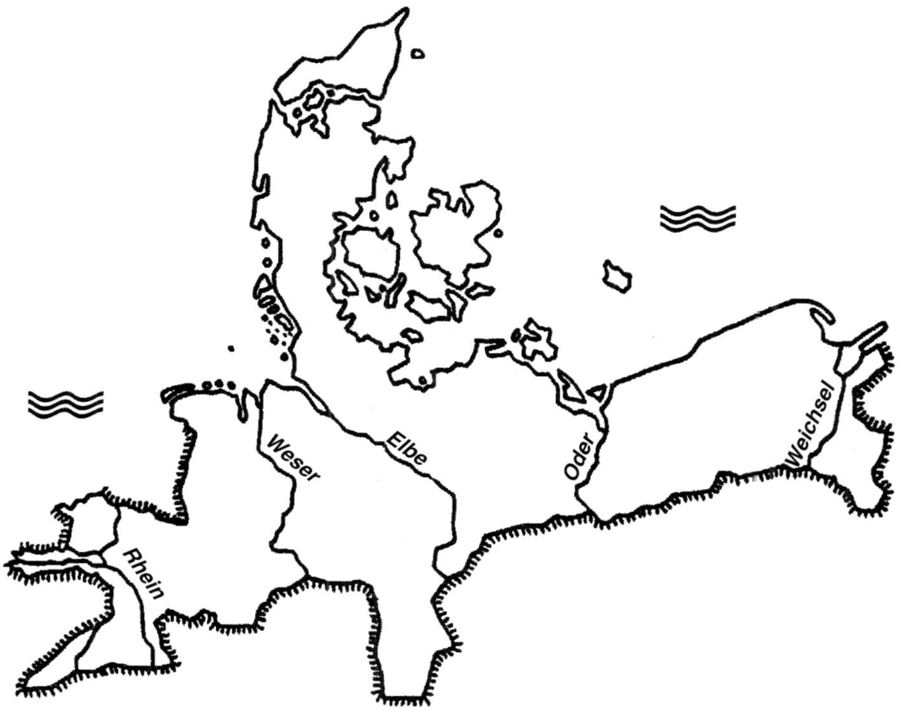

ie Germanen treten um 2000 v. Chr. in den Kreis der Völker ein. Bis etwa 1750 v. Chr. hat die germanische Land-
ahme im nachmaligen Deutschland im Osten die Odermündung und im Westen die Wesermündung erreicht, das El-
egebiet bis etwa Magdeburg und Mecklenburg umspannend. Um 1000 v. Chr. ist die Ems erreicht und bis 750 v. Chr.
n Osten die Niederweichsel überschritten, im Westen sogar die Rheinmündung gewonnen, so daß große Teile Nord-
estdeutschlands und im Osten Pommern schon germanisch sind.
is zum Jahre ***750 v. Chr.*** handelt es sich bei der germanischen Landnahme um eine weitgehend friedliche Besied-
ng. Danach wird die Entwicklung zunehmend kriegerischer. Nach Westen und Süden hin gegen die Kelten, nach
sten gegen illyrische Völkerschaften vordringend, haben die Germanen bis etwa 500 v. Chr. die deutschen Mittelge-
irge erreicht und sind im Osten tief in das Gebiet um Weichsel und Warthe eingedrungen.
m 1000 v. Chr. bereits läßt sich eine Unterscheidung zwischen West- und Ostgermanen feststellen. Die Grenze zwi-
chen ihnen ist die untere Oder. Die in Skandinavien verbliebenen Germanen sind die Nordgermanen.
u den Westgermanen zählen die Bataver, Sugambrer, Ubier, Chamaven, Chattuarier, Brukterer, Marser, Chatten,
emnonen, Langobarden, Hermunduren, Naristen, Markomannen, Quaden und Sueven, zu den Ostgermanen die an
er Warthe siedelnden Burgunder, die Rugier in Pommern, die Wandalen in Schlesien (welches seinen Namen den
andalischen Silingern verdankt) und die Goten.

Germanien
um 250 v. Chr.

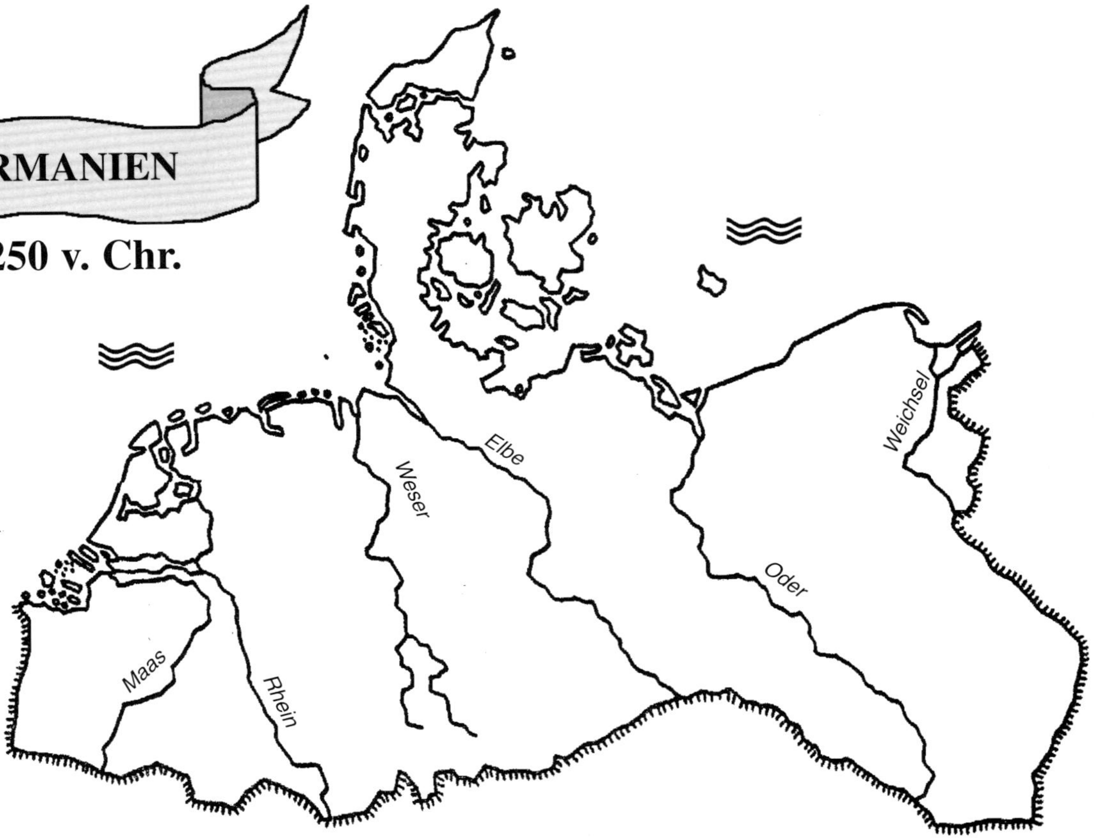

250 v. Chr. *ist der Weichselbogen Grenze des germanischen Siedlungsgebietes im Osten, im Westen ist der Rhein b etwa oberhalb Bingen weit überwandert. Als im Jahre 113 v. Chr. die germanischen Kimbern, Teutonen und Ambrone auf die Römer stoßen, haben die Germanen im Süden den Oberrhein, die Donau, den Böhmerwald, das Erzgebirg und die Sudeten erreicht.*

Germanien
bis 58 v. Chr.

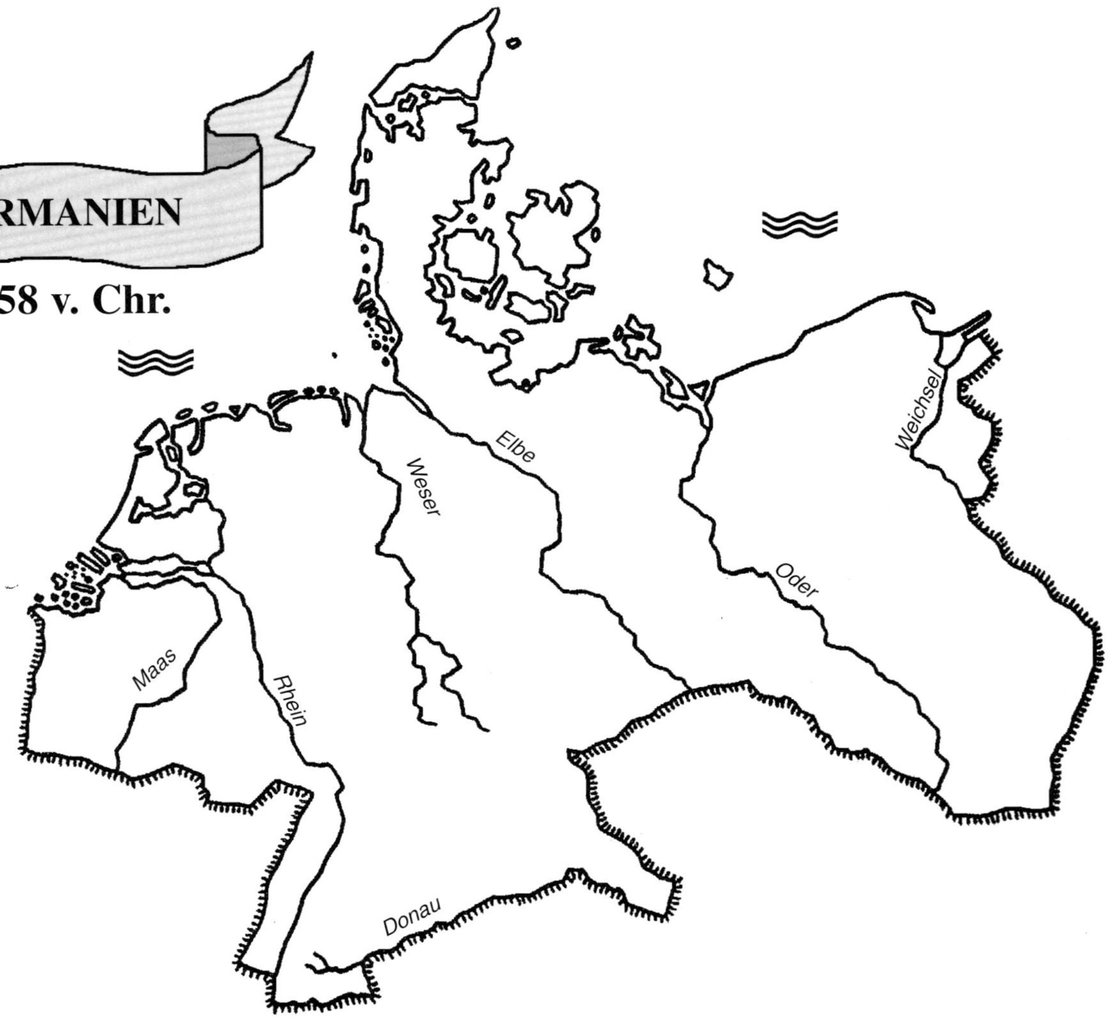

58 v. Chr. *trifft Cäsar, im Begriff, Gallien zu erobern, am Oberrhein auf den Suebenkönig Ariovist, der sich im Els festgesetzt hat. Cäsar siegt, und die Germanen müssen über den Rhein zurück.*

Empfang germanischer Gesandter durch den römischen Kaiser (Trajan); germanische Reiter und römische Legionäre im Kampf. Römische Reliefs.

GERMANIEN

um 12 v. Chr.

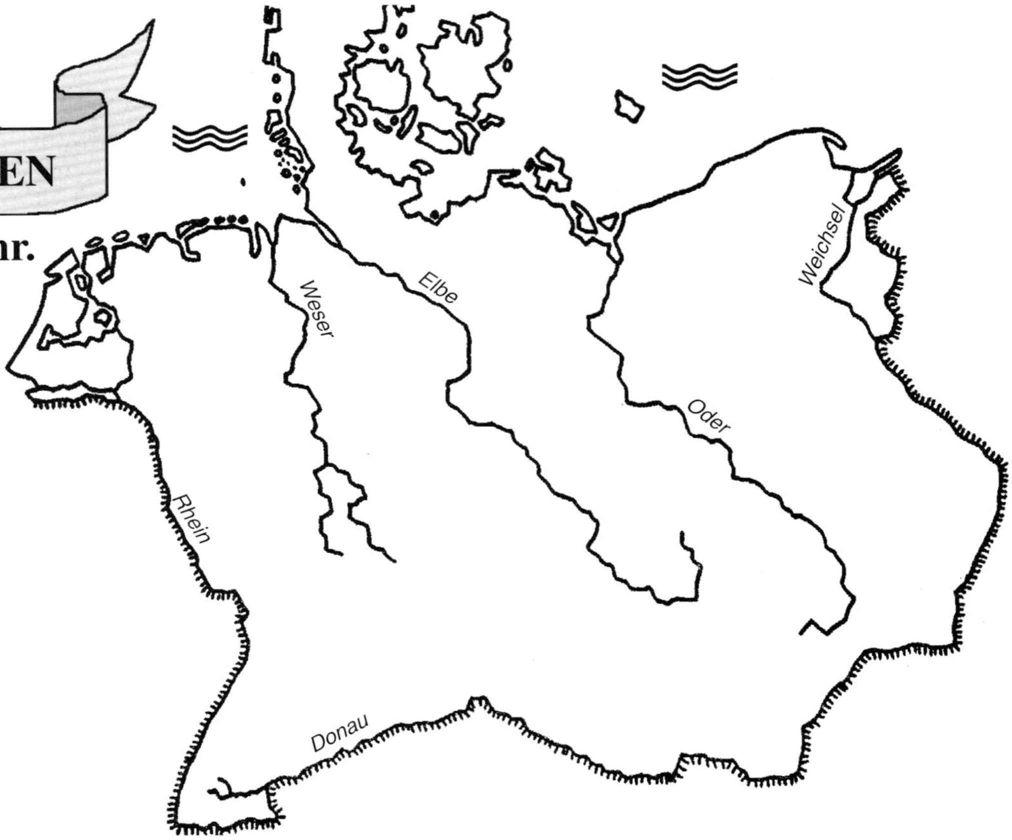

Mit den Zügen der Kimbern und Teutonen sowie dem Kampf zwischen Ariovist und Cäsar beginnt ein jahrhundertelang Ringen, das schließlich mit dem germanischen Sieg über das gewaltigste Reich der Antike endet.
Zunächst aber gelingt es Drusus und Tiberius, den Stiefsöhnen des römischen Kaisers Augustus, von ***12 v. Chr.*** *4 n. Chr. Germanien bis zur Elbe zu unterwerfen.*

GERMANIEN

bis 9 n. Chr.

Germanenfürst Armin (Hermann) der Cherusker. Zeichnung von Franz Stassen.

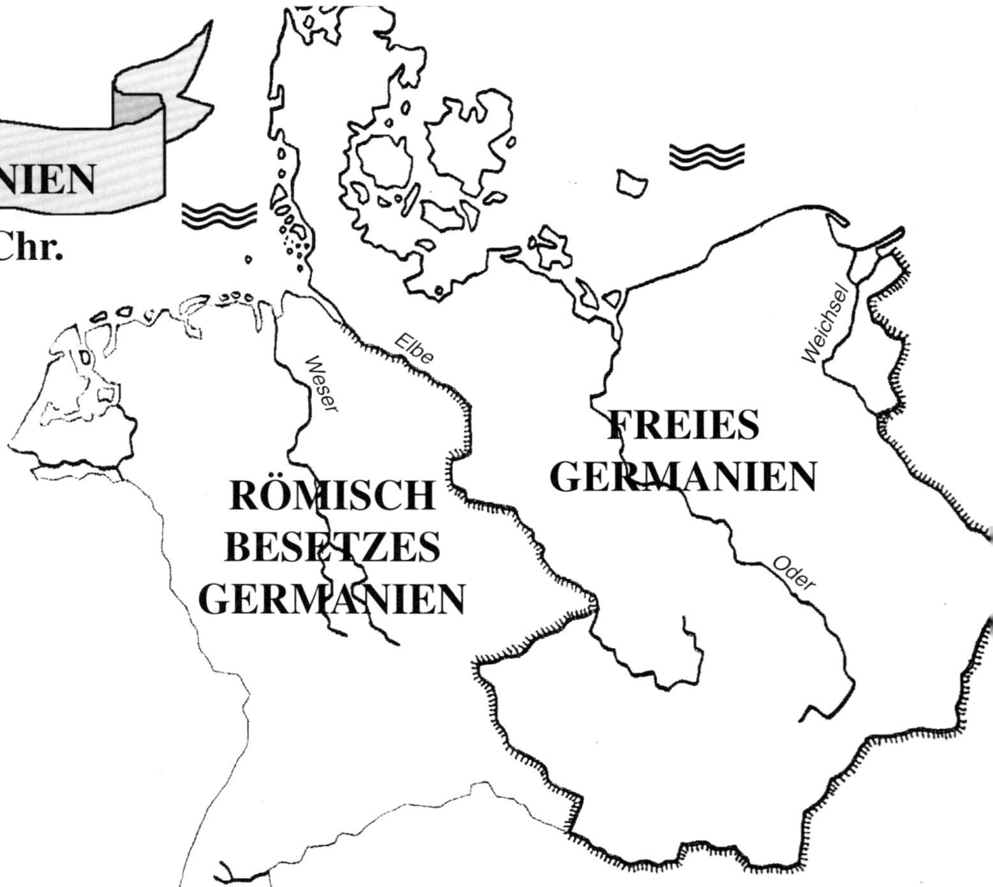

Unter Führung des jungen Cheruskerfürsten Armin (der Hermann der Cherusker in der nachmaligen deutsch Volksüberlieferung) erringen die Westgermanen in der welthistorischen Schlacht im Teutoburger Wald ***9 n. Chr.*** *einen e scheidenden Sieg über die Römer unter Varus. Da es dem römischen Feldherrn Germanicus in weiteren Feldzügen bis 16 n. Chr. nicht gelingt, Germanien erneut zu unterwerfen, bleibt es bis Rhein, Limes und Donau frei v Fremdherrschaft. Aus den Germanen Mitteleuropas kann sich das deutsche Volk entwickeln.*

Das von Ernst von Bandel geschaffene Denkmal im Teutoburger Wald zu Ehren von Armin (Hermann) dem Cherusker, dem Befreier Germaniens.

GERMANIEN

im 2. Jahrhundert n. Chr.

Die Karte zeigt den geschlossenen germanischen Siedlungsraum in Mitteleuropa vor der Wanderbewegung von Goten, Wandalen und Gepiden nach Osten.Fast drei Jahrhunderte stehen sich Germanen und Römer an Rhein, Limes, Donau bis zum Schwarzem Meer – oft kämpfend – gegenüber. Bis zum 4. Jahrhundert haben sich die Wandalen bis zur Donau und zur Theiß ausgedehnt, die Gepiden haben sich in Siebenbürgen niedergelassen, und die Goten gelangen bis weit in die heutige Ukraine hinein, wo die Könige Ostrogotha und Ermanarich ein großes Gotenreich errichteten, welches fast das gesamte spätere europäische Rußland umfaßt.

*Der Hunneneinbruch **375** löst den gewaltigen, als Völkerwanderung in die Geschichte eingegangenen Vormarsch der Germanen aus, der zur Niederwerfung des Römischen Reiches führt. Schon 260 n. Chr. zerbricht der Limes, die gigantische römische Wallanlage, unter den Schlägen der Germanen. Am 24. August 410 nimmt Westgotenkönig Alarich I. Rom. Im 6. Jahrhundert wird fast ganz Europa von den Germanen beherrscht. Aus ihren Reichen entwickelt sich die europäische Staatenwelt.*

Der Langobardenzug nach Italien (568) bildet einen Abschluß der Völkerwanderung. Jahrhunderte später brechen Nordgermanen (Normannen, Wikinger) bis weit nach Osten auf, wo sie die staatliche Grundlage des späteren Rußlands schaffen; im Süden gelangen sie bis nach Sizilien und im Westen bis nach Amerika.

Die germanischen Gebiete östlich der Elbe, an der Oder und an der Weichsel aber werden durch die Völkerwanderung nicht menschenleer. Es bleiben germanische Völkerbestände weiter dort.

Fränkisches Reich

Anwachsen ab 482

*Die für die Entstehung Deutschlands bedeutendste Reichsgründung vollbringen die germanischen Franken, vor allem ihr führender Volksstamm, die Salier. Frankenkönig Chlodwig aus dem Hause der Merowinger eint zunächst ab **482** die fränkischen Stämme, erobert Gallien und dehnt den fränkischen Machtbereich auch gegenüber den anderen Germanen immer weiter aus.*
Die Alemannen werden fränkischer Herrschaft unterworfen, dann die Thüringer und Burgunder. Diese werden kulturell und sprachlich zunehmend romanisiert. Ein Schicksal, das auch jenen Franken widerfährt, die sich tief in Gallien angesiedelt haben. Das Frankenreich wehrt die Anstürme von Sarazenen, Normannen, Slawen und asiatischer Völker ab. In ihm bildet sich aus Germanentum, Überlieferung der Antike und christlichem Glauben abendländischer Geist.

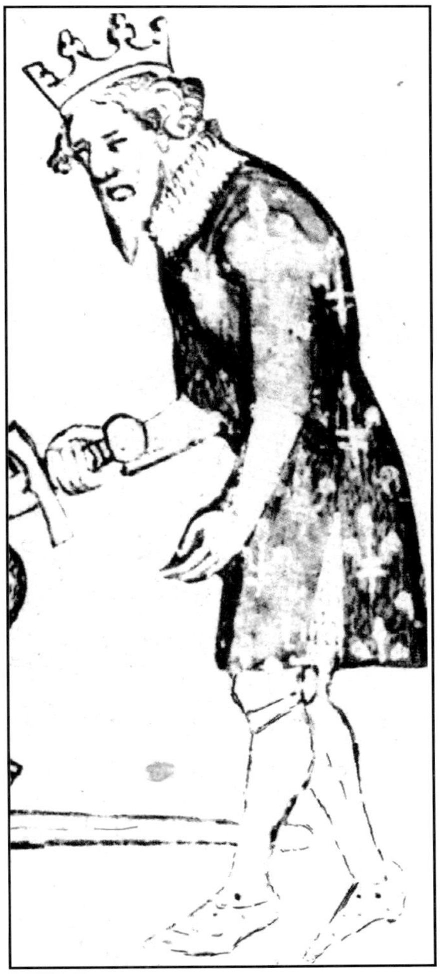

Frankenkönig Chlodwig. Mittelalterliche Miniatur.

Fränkisches Reich

um 814

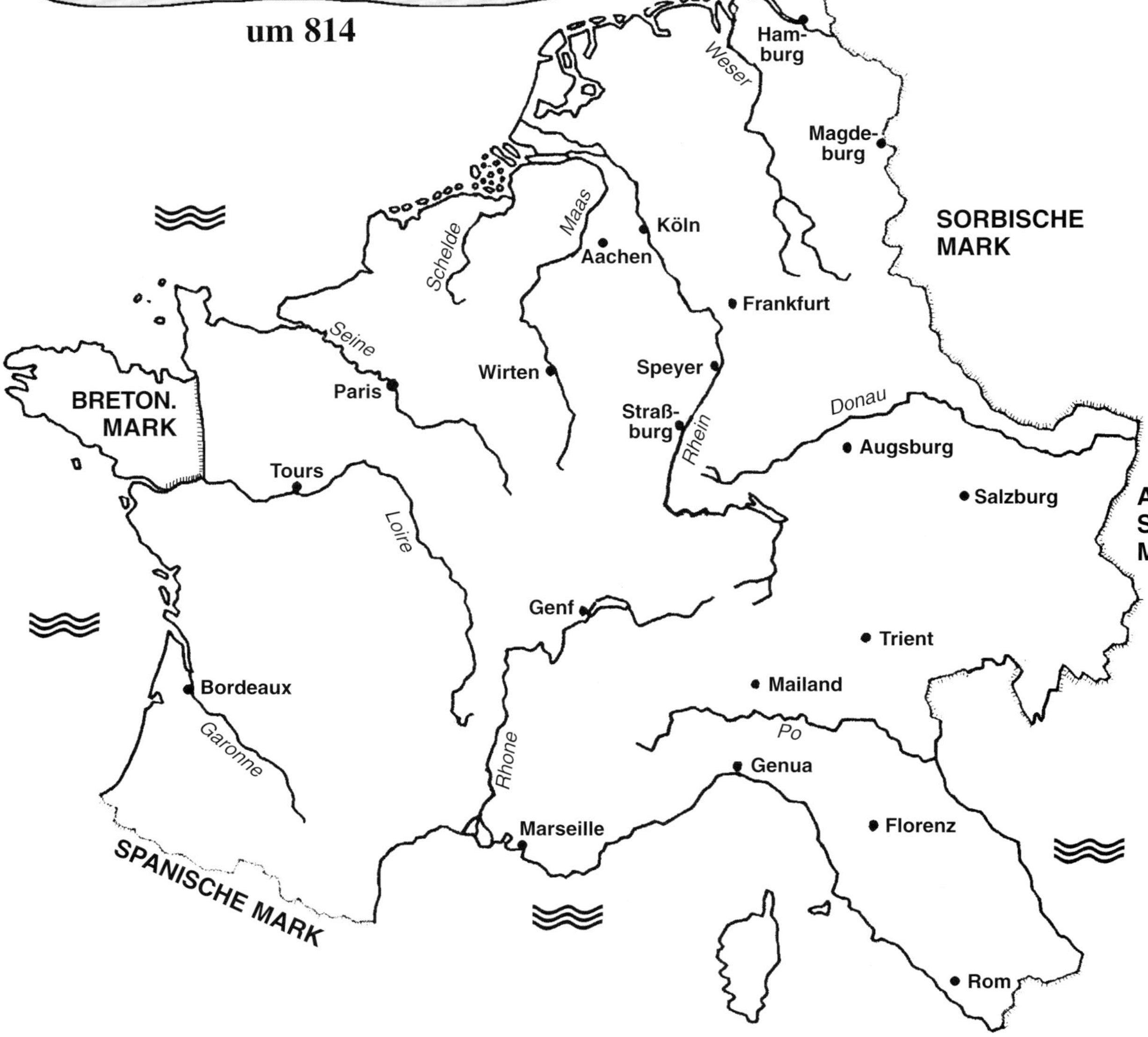

*Nachdem er das Langobardenreich unterworfen, Bayern endgültig eingegliedert, die Sachsen in einem langen, blutigen Krieg bezwungen und Marken zum Schutz des Reiches geschaffen hat, gebietet der Franke Karl der Große Anfang des 9. Jahrhunderts über ein die meisten Germanen vereinigendes Großimperium, das rund eine Million Quadratkilometer umfaßt. Nach dem Tode der gewaltigen Majestät **814** aber gerät sein Reich ins Wanken. Schließlich bricht es in der Mitte, an der Scheidelinie zwischen Deutsch- und Franzosentum, entzwei.*

Karl der Große. Reliquiarium aus dem Aachener Domschatz.

Fränkischer Krieger um 800.

Das letzte Kapitel vor Beginn der eigentlichen Geschichte Deutschlands als Staat ist die Aufteilung des Fränkischen Universalreiches unter den Enkeln Karls des Großen: Man einigt sich in Koblenz in der Kastorkirche und dann in Wirten (Verdun), wo im Jahre ***843*** der berühmte Teilungsvertrag zustandekommt.

Ludwig (in die Geschichte mit dem Beinamen „der Deutsche" eingegangen) erhält den östlichen Teil des Reiches, das Ostfränkische Reich, Karl herrscht über Aquitanien, Neustrien und einen Teil von Burgund im Westen, das Westfränkische Reich. Die Gebiete dazwischen und Italien werden Machtbereich Lothars (Lotharingien).

Das Zwischenreich zerfällt nach Lothars Tod im Jahre 855 rasch in drei Teile, da seine Söhne es unter sich aufteilen. Sie aber können sich gegenüber dem Westfränkischen und Ostfränkischen Reich nicht behaupten. ***870*** *kommt in Mersen (Meerssen) bei Maastricht ein neuer Teilungsvertrag zustande, der dem nachmaligen Deutschen Reich beträchtlichen Zugewinn bringt und es über den Rhein nach Westen ausdehnt. Dem Westfränkischen Reich, nachmals Frankreich, fällt der überwiegende Teil des übrigen Lotharingien,aus-ausschließlich Hochburgund, zu.*

Ludwig der Deutsche. Gemälde von Karl Trost, Kaisersaal Frankfurt/Main.

ZUGEWINN	
① Friesland	② Ost-Lothringen
③ Elsaß	④ Hochburgund

ZUGEWINN ○ **Westlothringen**

VERLUST ● **Hochburgund**

VERLUST ● **Ostmark**

*leich nach Ludwigs des Deutschen Tod will sich der westfränkische König Karl II. die Krone des Ostfränkischen eiches aneignen. Von Ludwig dem Jüngeren, einem Sohn Ludwigs des Deutschen, 876 bei Andernach besiegt, uß Karl verzichten. Auch der umgekehrte Versuch Ludwigs des Jüngeren, die Krone Westfrankens zu gewinnen, cheitert. Im Vertrag zu Ribemont **880** tritt Westfranken den Rest Lothringens an das Ostfränkische Reich ab. Dies wiederum verzichtet auf Hochburgund, so daß die neue ostfränkische (deutsche) Westgrenze von nun an im esentlichen an der Schelde, westlich der Maas und im Süden an der Aare entlang verläuft. Mit geringfügigen Veränderungen hat dieser Teil der Grenze zwischen Frankreich und Deutschland bis in die Zeit nach dem 30jährigen rieg Bestand.*

*as Ostfränkische Reich hat sich mit der Normannengefahr im Norden und der Slawengefahr im Osten auseinanderzusetzen. Um 900 kommt als neue Bedrohung der Madjaren- (Ungarn-) Ansturm hinzu. Die Madjaren dringen bis ur Traun vor, 906 reiten sie bis nach Sachsen, **907** besiegen sie den bayerischen Heerbann. Die alte karolingische stmark geht verloren. Als der noch jugendliche ostfränkisch-deutsche König Ludwig das Kind dem Feind 910 am ech entgegentritt und geschlagen wird, muß er den Abzug der das Land verheerenden Ungarn durch Tribut erufen.*

DEUTSCHES REICH

922 – 925

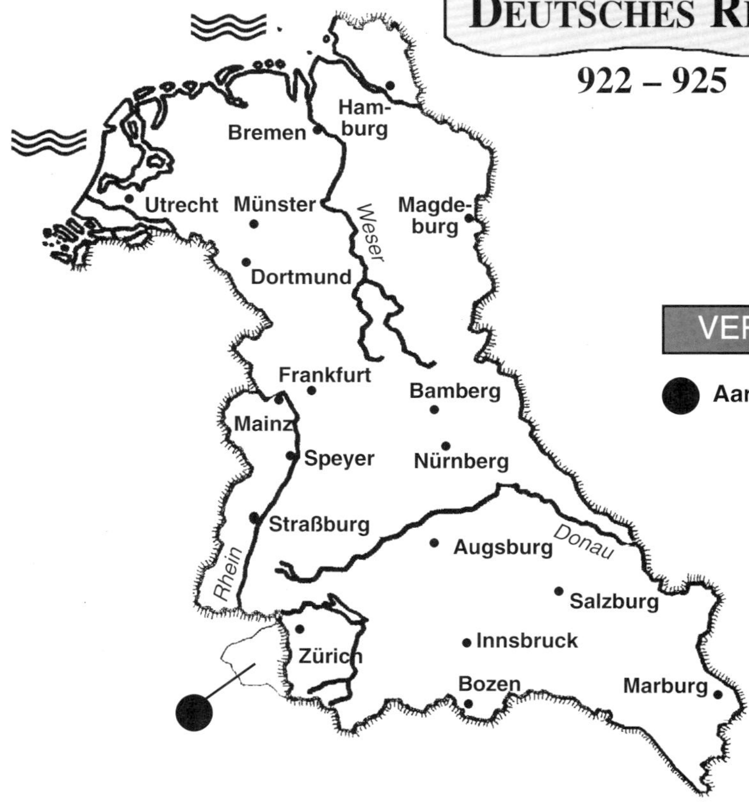

VERLUST ● Aargau

DEUTSCHES REICH

911 – 922

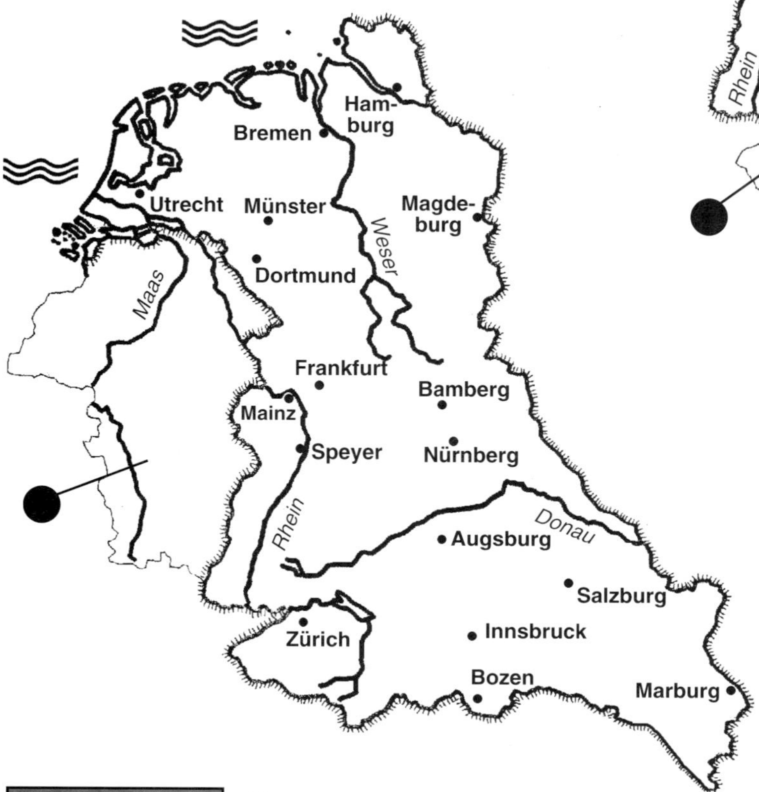

VERLUST ● Lothringen

Heinrich I. Nach einem Historiengemälde von Ferdinand Leeke.

*Im Jahre **911** erfolgt der erste Schritt zur Umwandlung vom Ostfränkischen zum Deutschen Reich: Ludwig das Kind, der letzte deutsche Karolinger, stirbt, und die Großen des Reiches wählen zu Forchheim den Frankenherzog Konrad I. zum König des Ostfränkischen Reiches – nicht etwa den König des Westfränkischen Reiches, einen Karolinger. Damit haben sich die ostgermanischen Stämme der Friesen, Sachsen, Thüringer, Franken, Alemannen und Baiern einen eigenständigen König auserkoren. Da aber die Reginare, das führende Herrscherhaus in Lothringen, mit dem neuen ostfränkisch-deutschen Königshaus der Konradiner verfeindet sind, schließt sich das Herzogtum Lothringen, den Verband Ostfrankens verlassend, dem Westfränkischen Reich an.*

*König Konrad bestimmt auf dem Totenbett 918, daß der mächtigste der Stammesherzöge, Heinrich von Sachsen aus dem Hause der Liudolfinger, ihm auf dem Throne folgen soll. Der Bruder des Verstorbenen, Eberhard, überbringt persönlich die Reichsinsignien dem neuen König. Damit ist der Schritt vom Ostfränkischen zum Deutschen Reich endgültig vollzogen. In der Wahl Heinrichs I. wird deutlich, in welch hohem Maße sich bereits ein Zusammengehörigkeitsgefühl der deutschen Stämme herausgebildet hat. Heinrich I. gelingt es, das von Feinden umgebene junge Reich zu festigen. Schwaben aber, vom Osten her von den Madjaren heimgesucht, tritt **922** den Aargau an Hochburgund ab, um im Westen Ruhe zu gewinnen.*

Die Germania, Sinnbild Deutschlands. Gemälde von Joseph N. Peroux nach einer Vorlage von Philipp Veit.

Germanischer Krieger. Gemälde von Wilhelm Petersen.

ahre 919 wurde der sächsische Herzog Heinrich I. zum deutschen König gewählt. Es war der eigentliche Beginn der chichte des ersten Reiches der Deutschen. Die Abbildung aus einer Kölner Königschronik zeigt Heinrich mit seiner nahlin Mathilde aus dem Geschlecht Widukinds. Beider Sohn war König und Kaiser Otto der Große, die gewaltigste estät in der frühen Zeit des Reiches.

Sclawinia, Germania, Gallia und Roma huldigen dem von geistlichen und weltlichen Herren des Reiches umgebenen König und Kaiser Otto III., der um die erste Jahrtausendwende nach Christi Geburt über das deutsche Imperium herrschte. Aus einem Evangeliar des Ottonischen Zeitalters.

DEUTSCHES REICH
925 – 929

ZUGEWINN ◯ Lothringen

DEUTSCHES REICH
929 – 934

ZUGEWINN

① Gebiet bis zur Oder/Bober ② Böhmen-Mähren

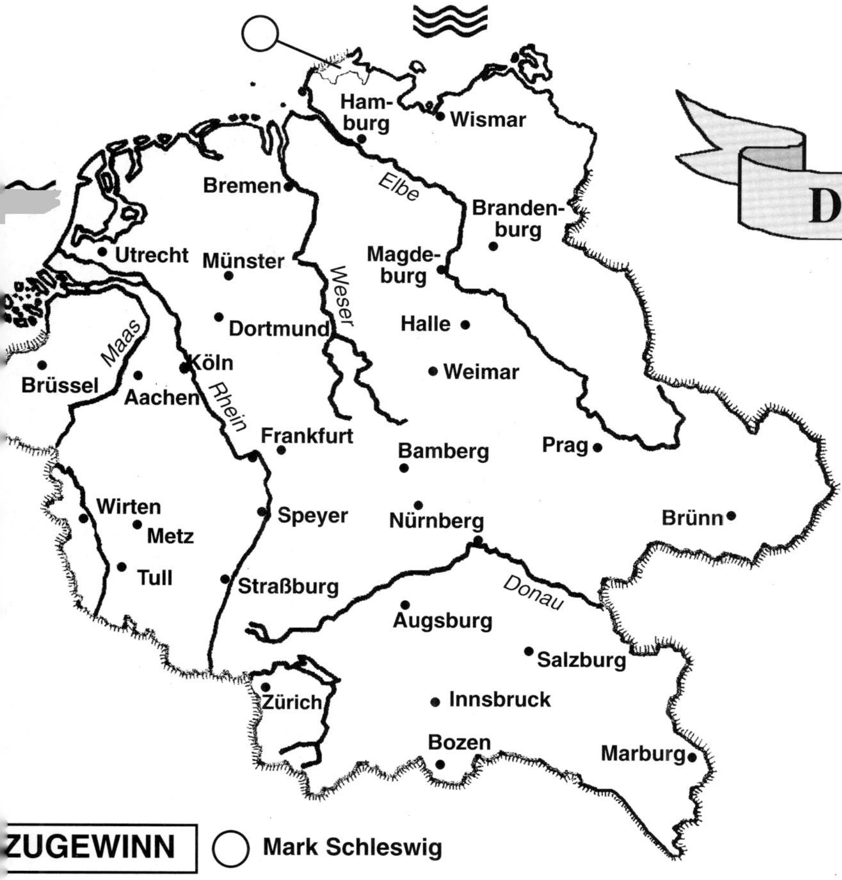

ZUGEWINN ◯ Mark Schleswig

DEUTSCHES REICH
934 – 935

*Im Jahre **925** gelingt es Heinrich I., das Herzogtum Lothringen dem Reich zurückzugewinnen. Dann geht er gegen die ständige Gefahr aus dem Osten in die Offensive, unterwirft die Gebiete zwischen Elbe und Saale sowie Oder und Bober und fügt diese, wie auch Böhmen und Mähren, dem Reich ein (**929**). Schließlich errichtet er **934** zur Grenzsicherung gegen die Dänen zwischen Eider und Schlei die Mark Schleswig. Der Dänenkönig Gorm muß der deutschen Majestät den Lehnseid schwören. Deutschland wird für Jahrhunderte die Vormacht des Abendlandes.*

__935__ fallen Böhmen und Mähren wieder vom R ab. __949__ schließt sich das bis dahin französisch herrschte flämische Waasland mit Gent dem von Heinrichs I. Sohn, Otto dem Großen, regie Reich an. __950__ gelingt es Otto, die deutsche O hoheit über Böhmen und Mähren wiederherzu len.

Als Otto der Große gedeutetes Stan aus der Stauferzeit in Magdeburg .

Auf dem Reichstag zu Augsburg ***952*** *wird König Berengar von Italien zum Lehnsnehmer des Reichs erklärt. Die Marken Istrien, Friaul und Verona werden Bayern unterstellt. 961/962 zieht Otto der Große nach Italien, setzt sich die lombardische Eiserne Krone aufs Haupt und läßt sich zum Römischen Kaiser krönen. Damit ist das Römisch-Deutsche Kaiserreich gegründet. In der welthistorischen Schlacht auf dem Lechfeld südlich von Augsburg hat Otto der Große* ***955*** *die Macht der Ungarn gebrochen. Durch diesen Sieg kehrt die alte Ostmark, nebst Teilen der Steiermark, an das Reich zurück.*

Römisch-Deutsches Reich

972 – 982

ZUGEWINN

○ Unteritalien

***972** besiegeln Otto der Große und Byzanz die Vermählung des deutschen Thronfolgers mit der byzantinischen Prinzessin Theophano (Absicherung des deutschen Kaisertums gegen den Papst). Byzanz tritt das von Otto eroberte Unteritalien (ohne Apulien und Kalabrien) an das Reich ab.*

Römisch-Deutsches Reich

982 – 983

*Im Kampf um Unteritalien kommt es **982** zum Krieg mit den Sarazenen. Kaiser Otto II., Sohn und Nachfolger Ottos des Großen nach dessen Ableben 973, unterliegt in der Schlacht bei Capo Colonne. Damit ist Unteritalien für das Reich vorerst wieder verloren.*

VERLUST

● Unteritalien

Römisch-Deutsches Reich

983 – 985

*Auf die Nachricht von der Niederlage des Kaisers in Italien kommt es zum „Slawenaufstand“, durch welchen der Ostraum des Reiches wieder verlorengeht. Kaiser Otto II. stirbt am 7. Dezember **983**, bevor er die Lage bereinigen kann.*

Römisch-Deutsches Reich

985 – 1002

*Der Kaiserwitwe Theophano gelingt es, die Verhältnisse in Reichsitalien wieder zu stabilisieren. Zugleich können **985** im Osten die Mark Meißen, dann auch Böhmen und Mähren zurückerrungen werden.*

Römisch-Deutsches Reich
1002 – 1003

VERLUST

● Lausitz-Meißen

Römisch-Deutsches Reich
1003 – 1004

VERLUST

● Böhmen-
Mähren

*Boleslaw Chrobry von Polen einigt die Völkerschaften an der Weichsel zum polnischen Volk, verbündet sich mit deutschen Fürsten des Reiches und bringt in raschem Zugriff die Mark Meißen und die Lausitz **1002** unter seine Oberhoheit. Im Jahre **1003** errichtet Boleslaw seine Oberhoheit auch über Böhmen und Mähren.*

Römisch-Deutsches Reich
1004 – 1007

ZUGEWINN

○ Böhmen

Römisch-Deutsches Reich
1007 – 1020

ZUGEWINN

○ Basel

*In mehreren Feldzügen kann der deutsche König (ab 1002) und Kaiser (ab 1014) Heinrich II. der Heilige **1004** Böhmen zurückgewinnen und 1005 den Frieden mit Polen erzwingen. Durch geschickte Verhandlungen mit König Rudolf von Burgund bereitet Heinrich II. den Erwerb von dessen Land durch das Reich vor. Bereits **1007** übergibt Rudolf dem Reich die Stadt Basel (mit deutscher Bevölkerung) als Pfand für die künftige Erwerbung.*

Heinrich II. Standbild im Dom zu Bamberg.

*Kaiser Heinrich II. erwirbt im Jahre **1020** von Ungarn das Gebiet zwischen Fischa und Leitha. In der Folgezeit wechselt dieses Gebiet mehrfach zwischen dem Reich und Ungarn. Bereits **1027** geht das Territorium wieder an Ungarn verloren. Um die Freundschaft des mächtigen Dänenkönigs Knut des Großen zu gewinnen, überläßt Konrad II., der seit 1024 regiert und der wohl zielbewußteste Kaiser jener Ära ist, dem Nachbarn im Norden die Mark Schleswig.*

Römisch-Deutsches Reich
1029 – 1031

ZUGEWINN

① Mähren

② Fischa-Leitha-Gebiet

Römisch-Deutsches Reich
1031 – 1033

ZUGEWINN

○ Lausitz-Meißen

VERLUST

● Fischa-Leitha-Gebiet

*Konrad II. erobert das Fischa-Leitha-Gebiet **1029** zurück und dringt dann siegreich nach Osten vor. Polen muß dem Reich Mähren zurückgeben. Konrad schließt **1031** mit Polen Frieden, das die Marken Meißen und Lausitz dem Reich wieder abtreten muß. Ungarn hat während des Feldzugs die Abwesenheit des deutschen Kaisers genutzt und sich das Fischa-Leitha-Gebiet neuerlich einverleibt.*

Römisch-Deutsches Reich

1033 – 1036

*Als der Burgunderkönig Rudolf **1033** stirbt, kann sich der deutsche König und Kaiser Konrad II. auf dem Reichstag zu Peterlingen (heute: Payerne im Schweizer Kanton Waadt) die burgundische Krone aufs Haupt setzen. Das Römisch-Deutsche Reich besteht nunmehr aus drei Königreichen: Deutschland, Italien und Burgund.*

Konrad II. Aus dem „Bildersaal deutscher Geschichte“ nach alter Vorlage.

Römisch-Deutsches Reich

1036 – 1042

Römisch-Deutsches Reich

1042 – 1043

*Letzter Erwerb des großen Kaisers Konrad II., der ersten Majestät des Reiches aus dem Salierhaus, ist **1036** Brandenburg bis zur Oder. Heinrich III., Konrads Sohn und Nachfolger ab dessen Tod 1039, greift mit Waffengewalt in den ungarischen Thronstreit ein. Nach dem Sieg erhält er **1042** für das Reich die Pittner Mark. Das Deutsche Reich hat nun die Lehnsherrschaft über Polen und Ungarn errungen.*

Römisch-Deutsches Reich

1043 – 1048

ZUGEWINN

○ Fischa-Leitha-Gebiet

Römisch-Deutsches Reich

1048 – 1056

VERLUST

● Waasland

*Nach dem Ende des Krieges in Ungarn kommt **1043** auch das Fischa-Leitha-Gebiet wieder zum Reich zurück. Im Jahre **1048** rächt sich die Belehnung des Grafen von Flandern mit dem sogenannten Waasland durch Heinrich II. im Jahre 1006. Flandern gehört zur französischen Krone. Dadurch entsteht eine ungesunde Zwitterstellung, die zum Verlust des Waaslandes führt.*

Römisch-Deutsches Reich
1056 – 1074

VERLUST

● Brandenburg bis zur Oder

Römisch-Deutsches Reich
1074 – 1077

ZUGEWINN

○ Grenzgebiete zu Ungarn

__1056__, im Jahr des Regierungsantritts Heinrichs IV., erleidet der sächsische Heerbann bei Prizlava eine schwere Niederlage im Kampf um den Osten. Brandenburg geht dadurch dem Reiche wiederum verloren. Unter Heinrich IV. erreicht die ungarisch-deutsche Grenze __1074__ jene Ausformung, die dann über viele Jahrhunderte Bestand haben sollte.

Römisch-Deutsches Reich

1077 – 1131

ZUGEWINN

○ **Korsika und Sardinien**

Zur Regierungszeit Heinrichs IV. gelangen die Inseln Korsika und Sardinien ***1077*** *unter die Herrschaft Pisas und werden damit Teile Reichsitaliens.*

Römisch-Deutsches Reich

1131 – 1134

ZUGEWINN

○ **Wagrien**

Unter König Lothar III., der seit 1125 als Nachfolger Heinrichs V. regiert, werden im Jahre ***1131*** *die Abodriten und Wagrier in Ostholstein unterworfen und deren Gebiete deutscher Besiedelung zugeleitet. Es beginnt die eigentliche deutsche Ostkolonisation.*

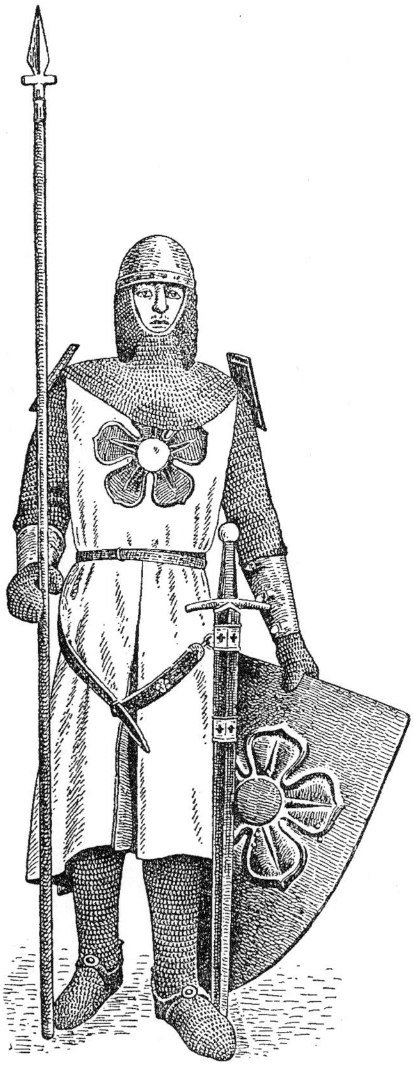

Deutscher Ritter des Mittelalters; eine der bald zehntausend majestätischen Burgen, die im alten Reich der Deutschen erbaut wurden.

*Kaiser Lothar III. von Supplinburg erwirbt **1134** die Priegnitz und das Havelland. Zugleich treiben Albrecht der Bär (Brandenburg), die Wettiner (Meißen) und die Schauenburger (Wagrien) die deutsche Ostkolonisation voran.*

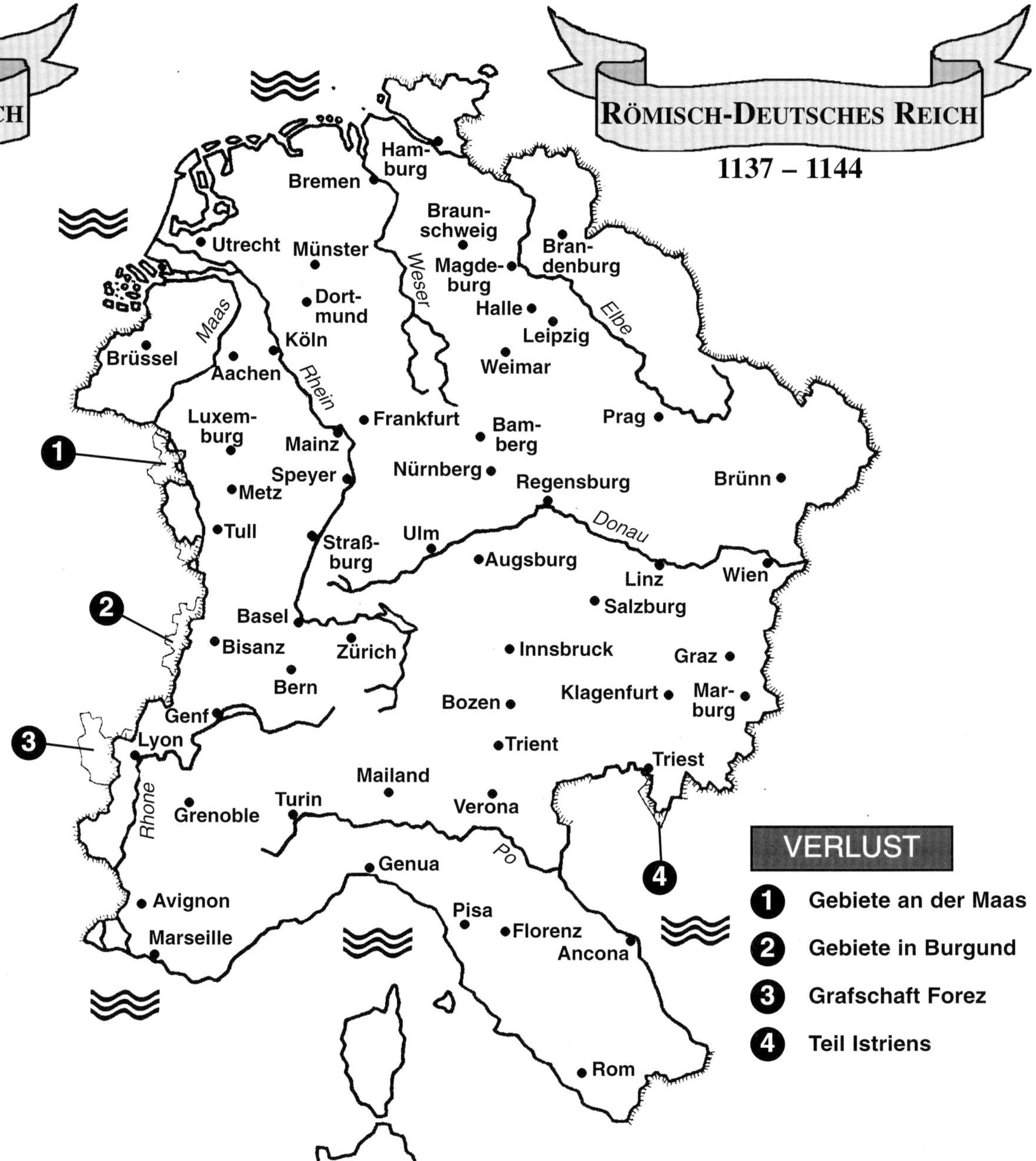

***1137** erwirbt Frankreich durch eine raffinierte Belehnungspraxis Gebiete in Lothringen und Burgund. In Istrien verliert*

Römisch-Deutsches Reich

1144 – 1150

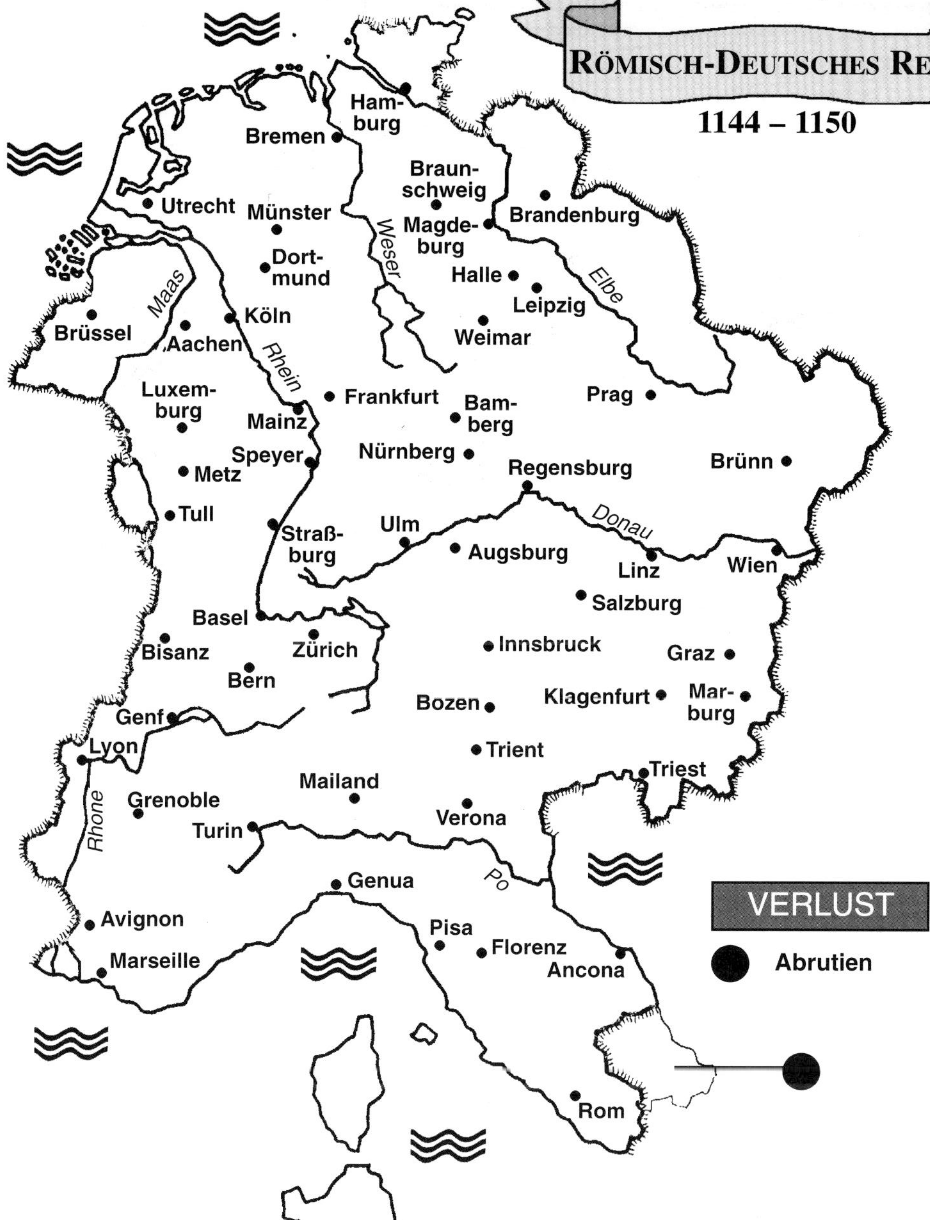

Seit 1130 befindet sich ganz Unteritalien im Besitz der Normannen. ***1144*** *geht auch die Landschaft Abrutien, bisher zu Reichsitalien gehörig, an sie verloren. Im Reich regiert Konrad III.*

Römisch-Deutsches Reich

1150 – 1163

Albrecht der Bär, Markgraf von Brandenburg, erwirbt ab ***1150*** *Gebiete bis zur Oder, die damit der deutschen Kolonisation erschlossen werden.*

Römisch-Deutsches Reich

1163 – 1167

Friedrich Rotbart. Spätmittelalterlicher Holzschnitt.

Seit 1152 herrscht im Reich Friedrich I. Rotbart (Barbarossa). Sein Feldzug gegen Polen ***1163*** *führt zum engen Anschluß der schlesischen Herrscher (Piasten) an das Reich. Lehnsrechtlich bleibt Schlesien zwar polnisch (1335 verzichtet Polen offiziell), wird aber nun deutsch besiedelt.*

Römisch-Deutsches Reich

1167 – 1180

ZUGEWINN

○ West-mecklenburg

*Nach der Wiederbelehnung Heinrichs des Löwen mit Sachsen durch Friedrich Rotbart unterwirft der Löwe den Abodritenfürsten Pribeslav und erwirbt damit **1167** Westmecklenburg.*

Römisch-Deutsches Reich

1180 – 1181

VERLUST

● Gebiet an der Rhone

*Die Stärke des Reiches macht gewaltsame Gebietserwerbungen durch Frankreich unmöglich. Mit „unterschwelligen" Belehnungsmethoden gelingt es den Franzosen jedoch **1180** ein weiteres Mal, ein kleines Gebiet an der Rhone zu erwerben.*

Römisch-Deutsches Reich

1181 – 1194

Um einer Unterwerfung durch Polen zu entgehen, unterstellt Bogislaw I., Herzog von Pommern, ***1181*** *sein Land lehnsrechtlich Heinrich dem Löwen und damit dem von Friedrich Rotbart regierten Reich. Ostmecklenburg und Pommern sind nun der deutschen Besiedlung geöffnet.*

RÖMISCH-DEUTSCHES REICH

1194 – 1198

ZUGEWINN

○ Königreich Sizilien

Heinrich VI. Aus der Manessischen Handschrift.

ɘ Vermählung des Sohnes und Thronerben Kaiser Friedrichs I., des nachmaligen Kaisers Heinrich VI., mit Konstanze, ɪr Tochter des Normannenkönigs Roger II., Herrscher über Unteritalien mit Sizilien, 1187 in Mailand ist ein diplomatiʼhes Meisterstück Rotbarts. Als er 1190 stirbt, tritt Heinrich VI. die Herrschaft im Reich an. Nach schweren Auseinanɪrsetzungen und Kämpfen kann er sich **1194** im Königreich Sizilien des inzwischen verstorbenen Königs Roger durchɪtzen. Nun ist ganz Italien in der Hand des Deutschen Königs und Römischen Kaisers aus dem Geschlecht der Staufer. ɪs Heinrich VI. 1197 stirbt, befindet sich das Reich auf dem Höhepunkt seiner Machtentfaltung. Auch weitere Gebiete ɪgs um das Mittelmeer sind ihm untertan, und England ist vom Reich lehnsabhängig.

Römisch-Deutsches Reich

1198 – 1202

Der Tod Heinrichs VI. 1197 verhindert dessen Plan, im Reich die erbliche Thronfolge durchzusetzen. Das deutsche König- und Kaisertum verliert an Macht. Es kommt zur Doppelwahl eines Königs und zum verheerenden Kampf zwischen dem Staufer Philipp von Schwaben und dem Welfen Otto IV. Otto wird von Papst Innozenz III. gestützt, der dafür vertraglich die Souveränität über den mittelitalienischen Kirchenstaat zugesichert erhält, die der Pontifex maximus ***1198*** *einseitig hergestellt hatte. Zugleich gibt Otto IV. das Wormser Konkordat auf, also die Erstbelehnung der Bischöfe mit ihren weltlichen Territorien durch den Kaiser. In der Goldbulle zu Eger erneuert Friedrich II., Sohn Heinrichs VI., 1213 den Vertrag mit dem Papst.*

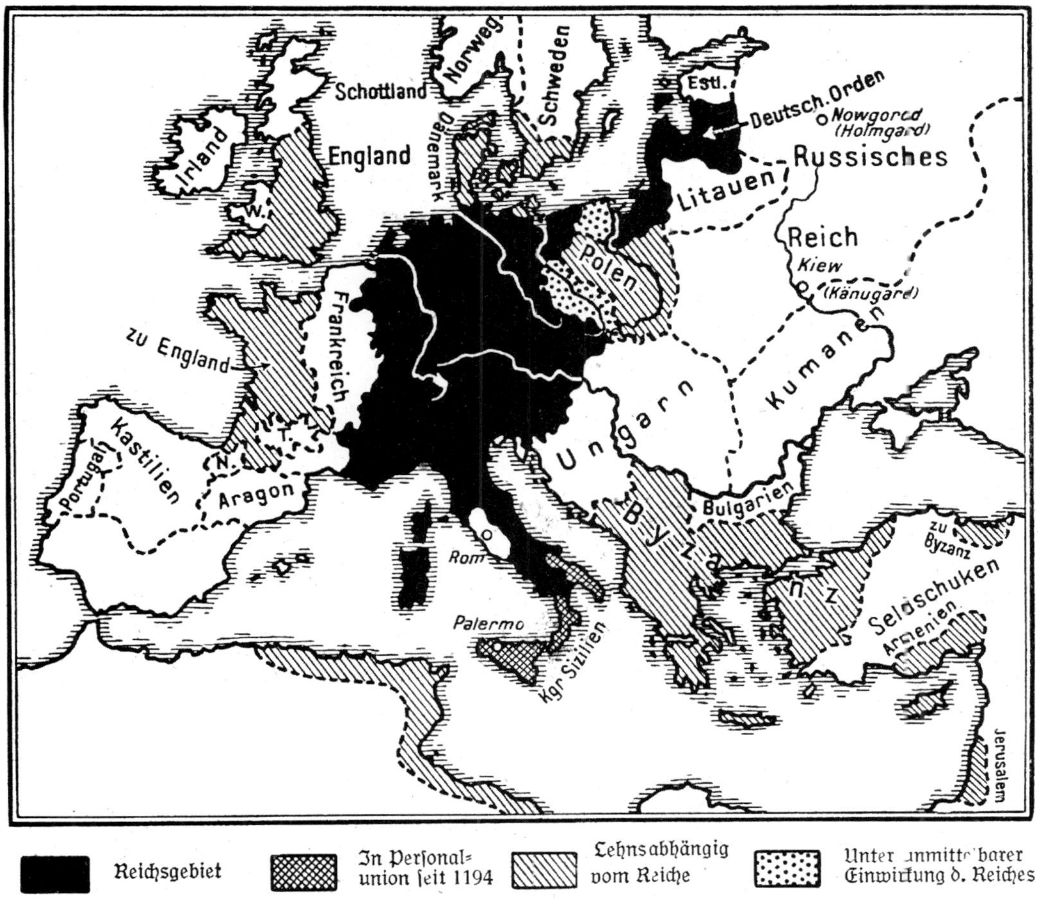

Das deutsche Weltreich zur Stauferzeit; staufischer Reichsadler.

RÖMISCH-DEUTSCHES REICH

1202 – 1207

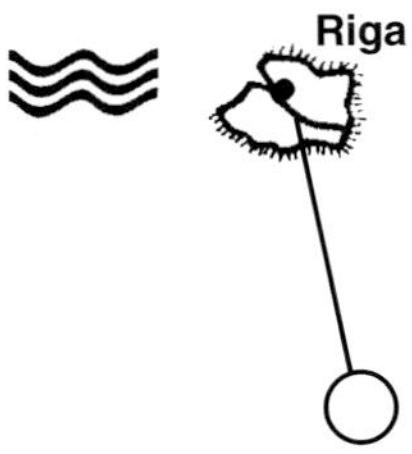

ZUGEWINN

○ **Riga-Üxküll in Livland (Schwertbrüder-orden)**

1202 *wird der Schwertbrüderorden (benannt nach dem Ordensgewand mit Schwert und Kreuz) gegründet, der sich unter Führung des aus Bremen gekommenen Bischofs Albert von Buxhöveden, Gründer Rigas, in Riga-Üxküll zur Missionierung Livlands festsetzt. Die Ritter des Ordens stammen überwiegend aus Norddeutschland.*

RÖMISCH-DEUTSCHES REICH

1207 – 1214

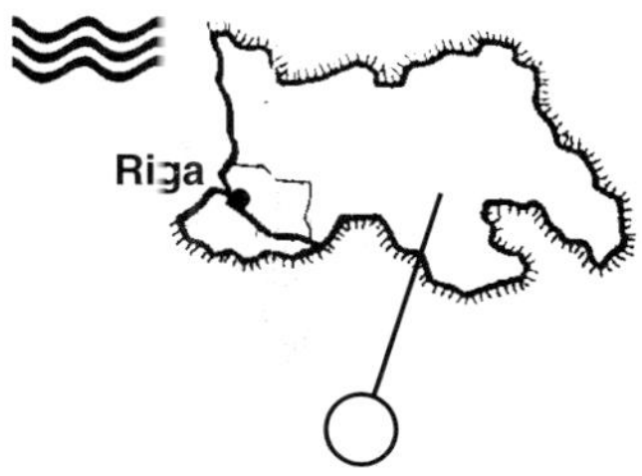

ZUGEWINN

◯ Livland

*Bis **1207** erhält der Schwertbrüderorden große Teile Livlands von Bischof Albert zur Landesherrschaft. In den Schlachten von Treiden (1211) und Fellin (1217) erringt der Orden bedeutende Siege über die Esten und kann seine Stellung festigen.*

Römisch-Deutsches Reich

1214 – 1224

VERLUST

● Nordost-
deutschland

*Die Dänenkönige Waldemar der Große, Knut IV. und Waldemar II. bringen ganz Norddeutschland von Hamburg bis Pommern unter ihre Herrschaft. Friedrich II. erkennt **1214** diesen dänischen Besitzstand in Deutschland an. Seine Kaiserkrönung findet 1220 in Rom statt.*

RÖMISCH-DEUTSCHES REICH

1224 – 1226

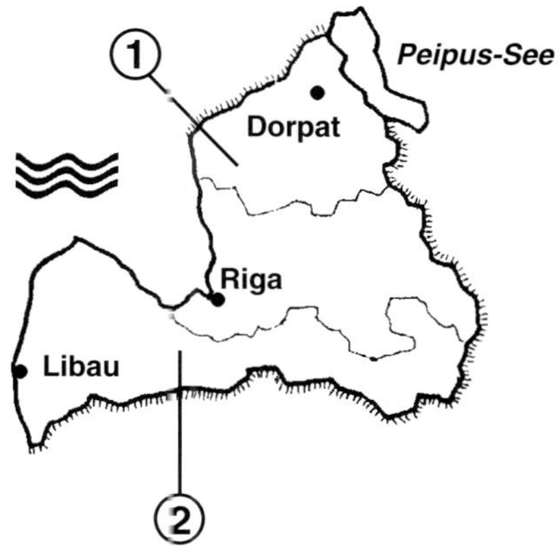

ZUGEWINN

1 **Rest-Livland**

2 **Kurland**

*Der deutsche Schwertbrüderorden erobert **1224** den Rest Livlands; Dänemark muß dem Orden den Besitz von Kurland vertraglich zugestehen.*

Römisch-Deutsches Reich

1226 – 1227

ZUGEWINN

○ Kulmerland (Deutscher Orde

Hochmeister Hermann von Salz
Mittelalterliche Darstellung.

*Um den Einfällen der ba tischen Pruzzen zu entg hen, schenkt Konrad vo Masowien **1226** dem 11 im Heiligen Land entsta denen Deutschen Orde das Kulmer Land. He mann von Salza, Hoc meister des Ordens, wi 1226 von Kaiser u Papst mit der Eroberu des Pruzzenlandes (Pre ßen) beauftragt. Alles e worbene Land soll z gleich Teil des Reich sein.*

Römisch-Deutsches Reich

1227 – 1230

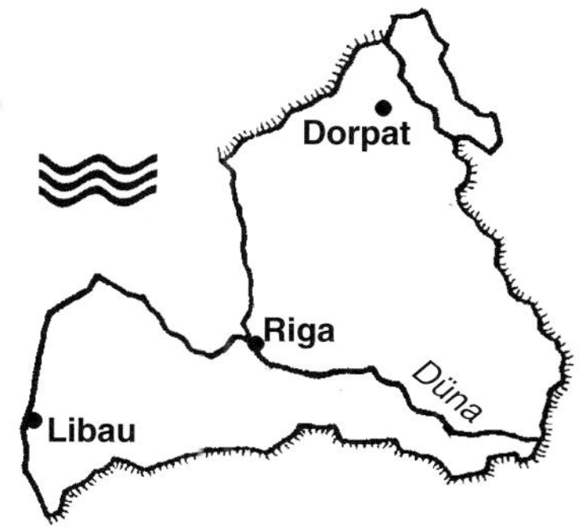

ZUGEWINN

○ Nordostdeutschland

Friedrich II. von Hohenstaufen. Marmorbüste von unbekannter Meisterhand.

*In der Schlacht bei Bornhöved wird **1227** der Dänenkönig Waldemar II. von den Norddeutschen unter Führung Graf Adolfs IV. von Holstein besiegt. Nordostdeutschland ist damit für das Reich gerettet; das Gebiet um Deutsch-Krone in Pommern kommt an Polen.*

RÖMISCH-DEUTSCHES REICH

1230 – 1237

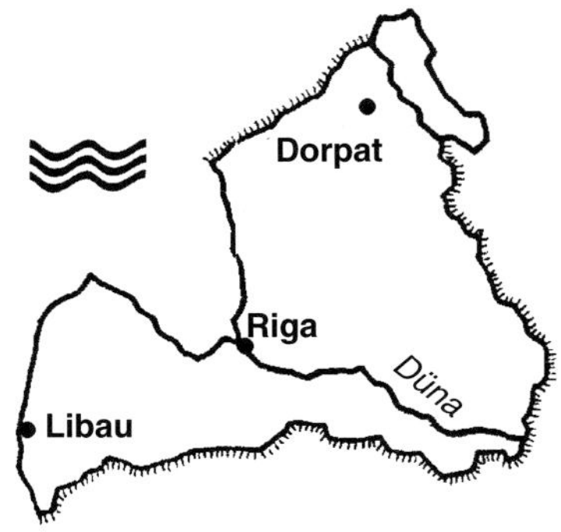

ZUGEWINN

○ **Nördlicher Teil Preußens**

*Dem Landmeister des Deutschen Ordens Hermann Balk gelingt bis **1230** die Eroberung des nördlichen Teiles des Preußenlandes.*

Römisch-Deutsches Reich

1237 – 1238

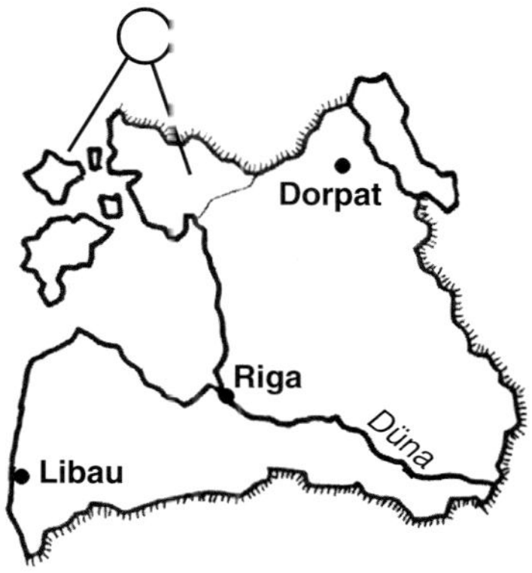

ZUGEWINN

○ **Teile Estlands mit den Inseln Dagö und Ösel**

1237 *erobert der Schwertbrüderorden estnische Gebiete mit den vorgelagerten Inseln. Nordestland bleibt bei Dänemark.*

Römisch-Deutsches Reich

1238 – 1250

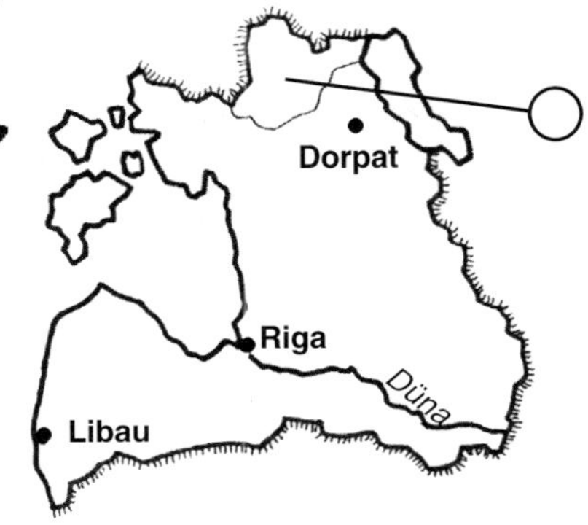

Reichsadler im 13. Jahrhundert

ZUGEWINN

○ **Jerwen**

*Dänemark verkauft **1238** Jerwen an den Schwertbrüderorden, der sich – veranlaßt durch die schwere Niederlage gegen die Litauer bei Bauske – dem Deutschen Orden anschließt. 1250 stirbt Kaiser Friedrich II.*

Kaiser Friedrich II. verabschiedet nach Preußen ziehende Ritter des Deutschen Ordens.Nach einem Historiengemälde von P. Janssen.
Rechts: Ein Ritter des Schwertbrüderordens in der Darstellung des baltischen Porträtmeisters Theodor Kraus.

Römisch-Deutsches Reich

1250 – 1266

ZUGEWINN

① Memel

② Preußen bis zur Inster

③ Lebus

*Der Deutsche Orden erobert ab **1250** Preußen bis zur Inster und gewinnt Memel. Polen muß das Gebiet um Lebus an Brandenburg abtreten. Im Reich regieren: Konrad IV. (bis 1254), Wilhelm von Holland (1254 bis 1256); Richard von Cornwallis (ab 1257).*

Die Germania auf einem Gemälde von Hermann Wislicenus.

Kaiser Friedrich II. (1194-1250), „das Staunen der Welt", hält hof in Palermo. Gemälde von Arthur von Ramberg, eines Meisters der Historienmalerei des 19. Jahrhunderts. Über der orientalischen Gesandtschaft stehend: Hermann von Salza, Hochmeister des Deutschen Ordens.

Oben: Die von König und Kaiser Heinrich VI. beherrschten Länder huldigen der deutschen Majestät, unter deren Zepter das Reich die größte Ausdehnung hatte (zeitgenössische Darstellung).

Rechts: Auch kulturell war das Reich der Deutschen die führende Macht im Abendland. Hier die Abbildung des Ritters und Dichters Walther von der Vogelweide aus der Großen Heidelberger (Manessischen) Handschrift.

Die steinernen Wunder von Naumburg (die Stifterfiguren im Dom der Saalestadt, geschaffen vor rund eine. Dreivierteljahrtausend) künden von höchster künstlerischer Entfaltung des Abendlandes im Zeichen deutsch. Vorherrschaft. Hier das Bildnis der Markgräfin Uta.

Römisch-Deutsches Reich

1266 – 1273

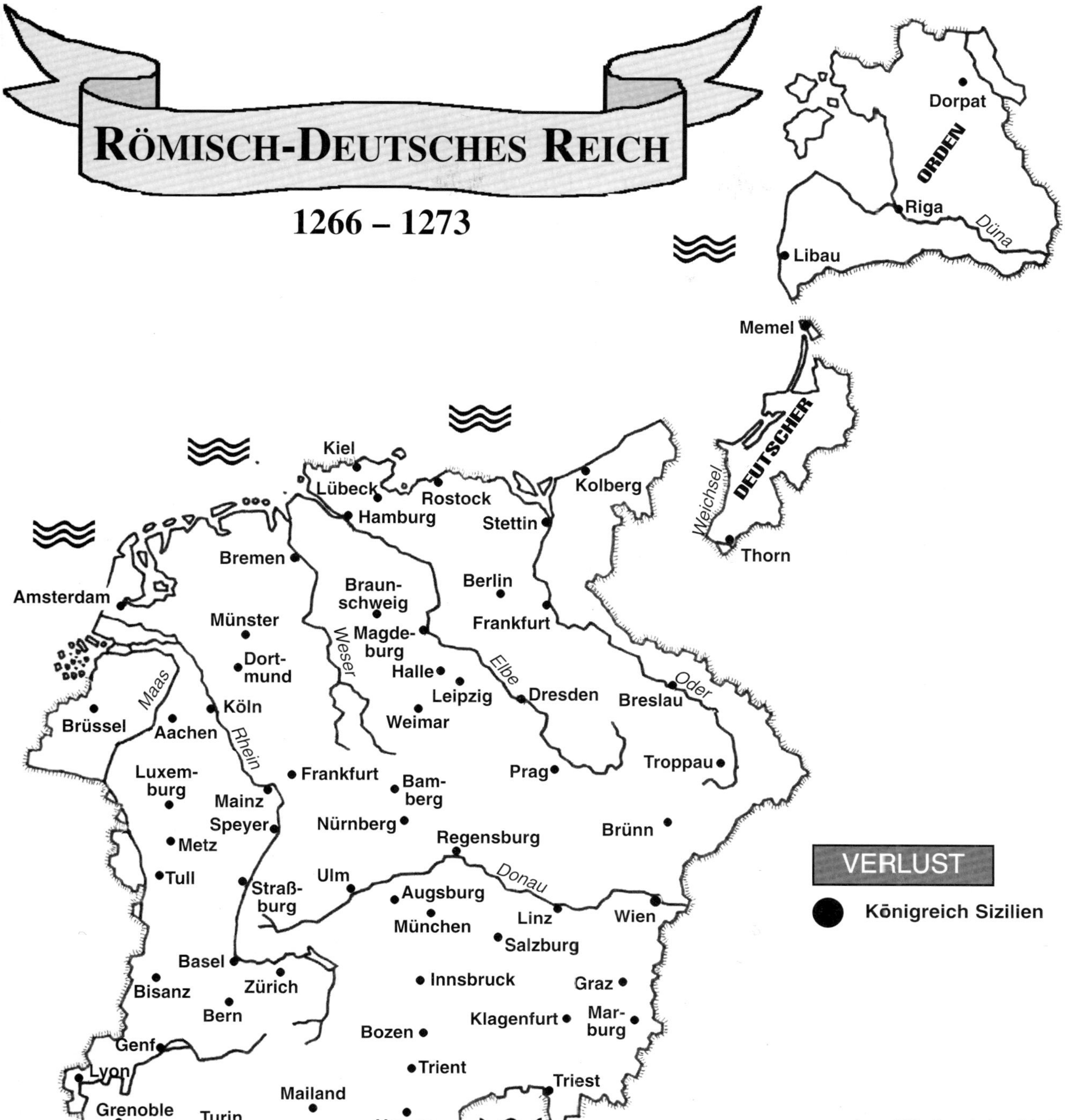

*Im Königreich Sizilien regiert ab 1254 Manfred, ein Sohn des 1250 gestorbenen Kaisers Friedrich II. Er fällt **1266** in der Schlacht von Benevent gegen den vom Papst bestellten französischen Usurpator Karl von Anjou. Der Versuch Konradins, eines Enkels Friedrichs II., Sizilien zurückzuerobern, scheitert in der Schlacht von Tagliacozzo. Karl von Anjou läßt Konradin 1268 mit seinem adligen Gefolge in Neapel hinrichten. Die Staufer sind untergegangen, das Königreich Sizilien ist für das Reich verloren.*

RÖMISCH-DEUTSCHES REICH

1405 – 1406

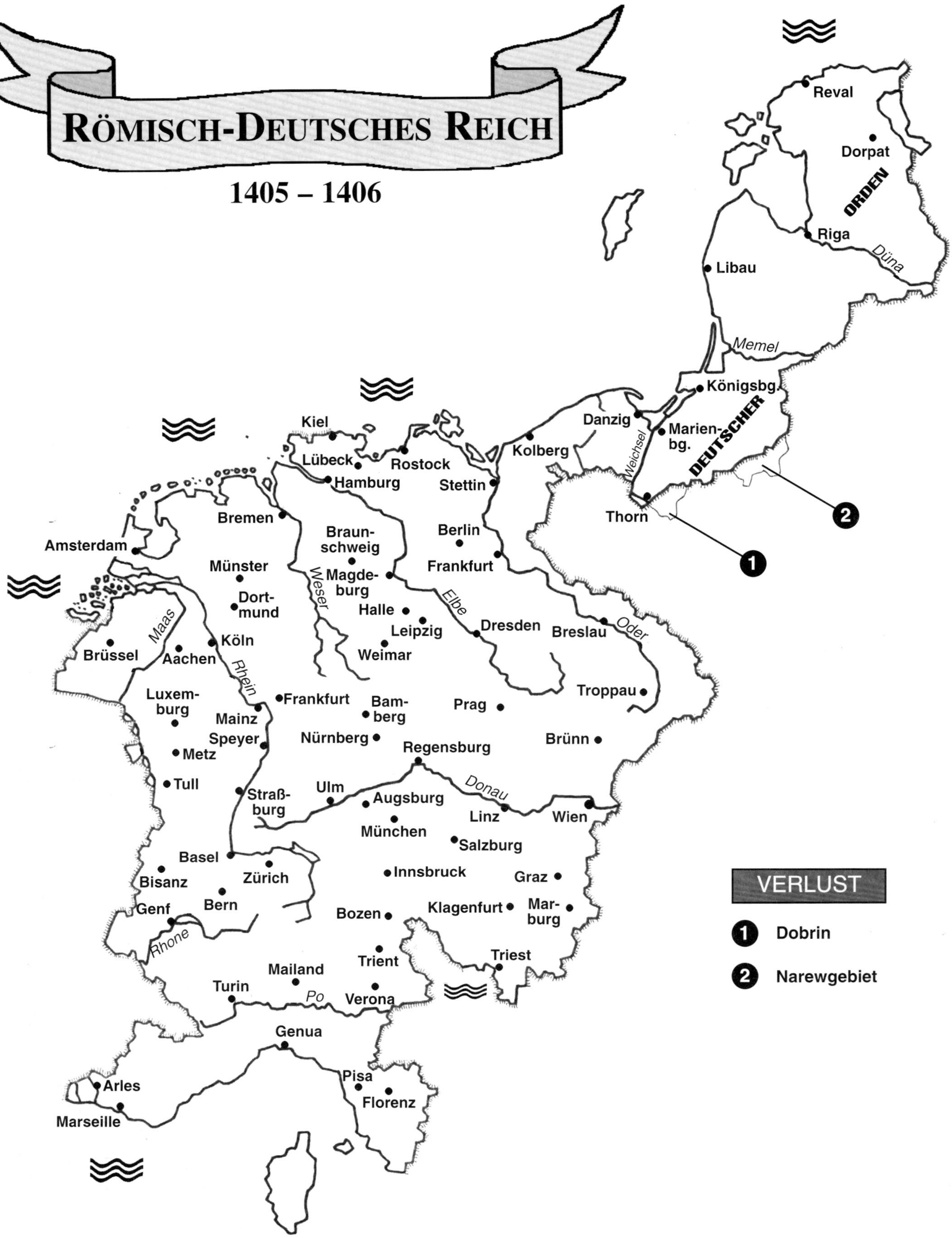

***1405** tritt der Deutsche Orden die Kujawischen Gebiete (Dobrin und das Narewgebiet) an Polen-Litauen ab.*

Römisch-Deutsches Reich

1276 – 1278

ZUGEWINN

○ Mewe westlich der Weichsel

*Der Herzog von Pommerellen tritt **1276** das Gebiet von Mewe westlich der Weichsel an den Deutschen Orden ab.*

Rudolf I. von Habsburg. Glasmalerei im Stephansdom zu Wien.

Römisch-Deutsches Reich

1278 – 1283

*Mit dem Untergang der Staufer ist in Italien die deutsche Zentralgewalt zusammengebrochen. So kann sich der Kirchenstaat **1278** die Romagna und die Pentapolis aneignen.*

Römisch-Deutsches Reich

1283 – 1295

*Nach Beendigung des Preußenaufstandes **1283** kommt ganz Preußen (das nachmalige Ostpreußen) an den Deutschen Orden. Im Reich wird König Adolf von Nassau 1292 Nachfolger des im Jahre zuvor gestorbenen Rudolfs von Habsburg.*

Römisch-Deutsches Reich

1295 – 1301

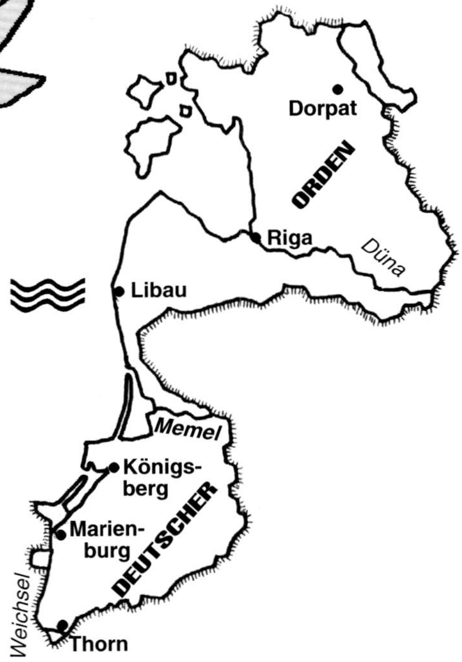

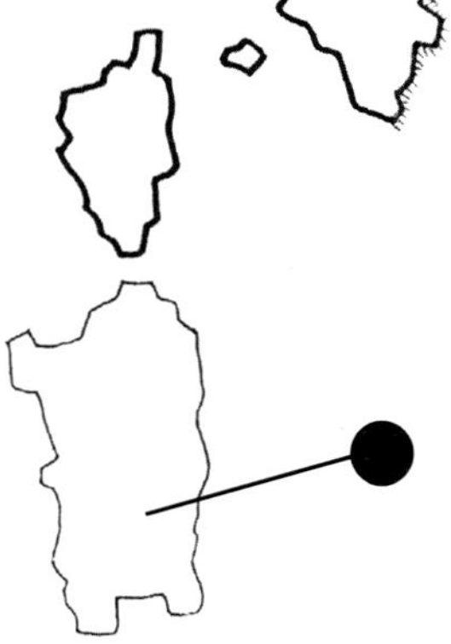

VERLUST

Sardinien

*Mit der Eroberung Sardiniens durch das Königreich Aragon endet **1295** die Oberhoheit des Reiches über diese Insel. Als Herrscher im Reich folgt 1298 Albrecht I. König Adolf von Nassau.*

Römisch-Deutsches Reich

1301 – 1305

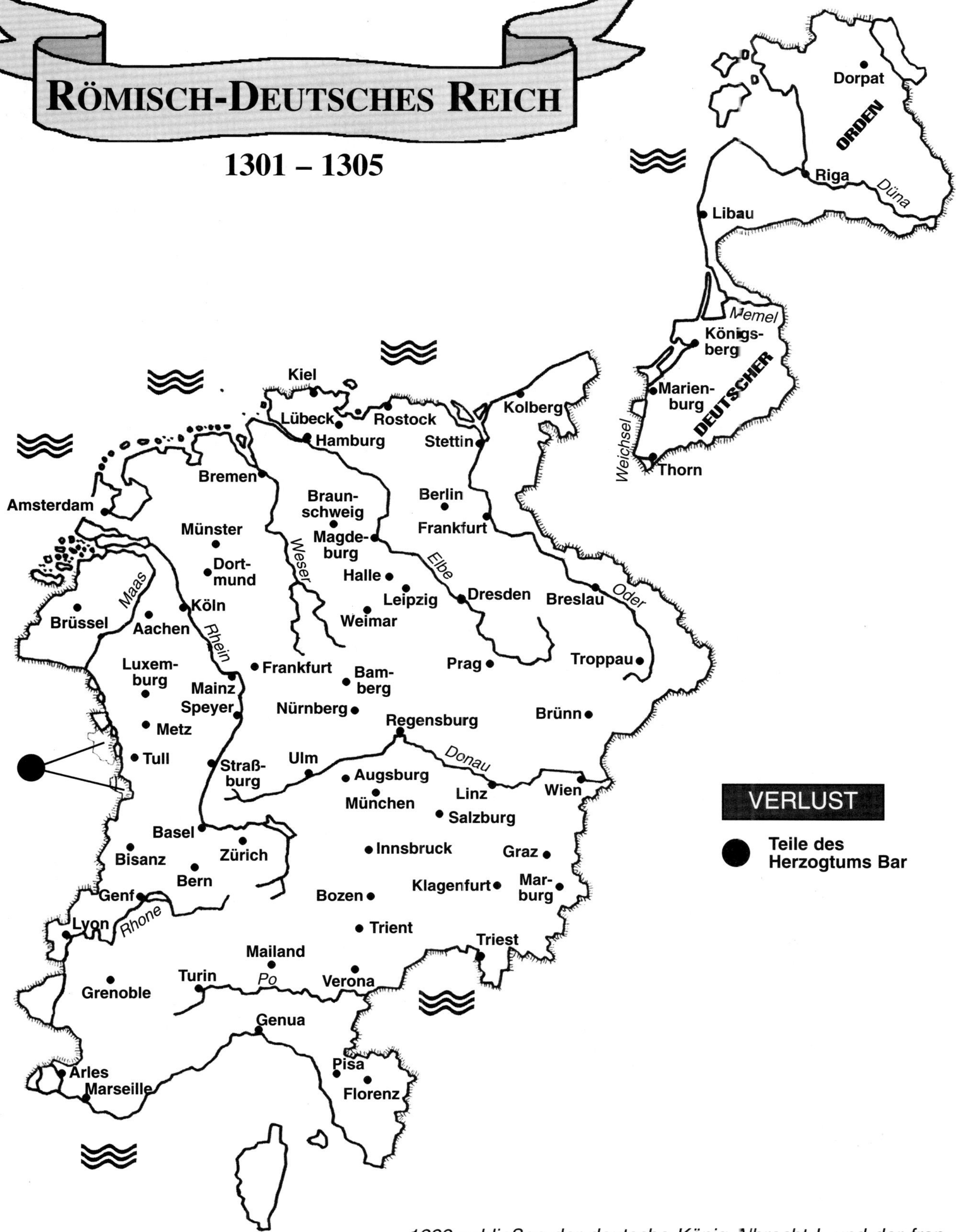

*1299 schließen der deutsche König Albrecht I. und der französische König Philipp IV. in Quatrevaux ein Bündnis. Albrecht stimmt dabei der Abtretung eines Teils des Herzogtums Bar an Frankreich zu (**1301** vollzogen). Damit leitet Frankreich auch an der unmittelbaren Grenze zum Deutschtum seine Ausdehnungspolitik ein.*

RÖMISCH-DEUTSCHES REICH

1305 – 1307

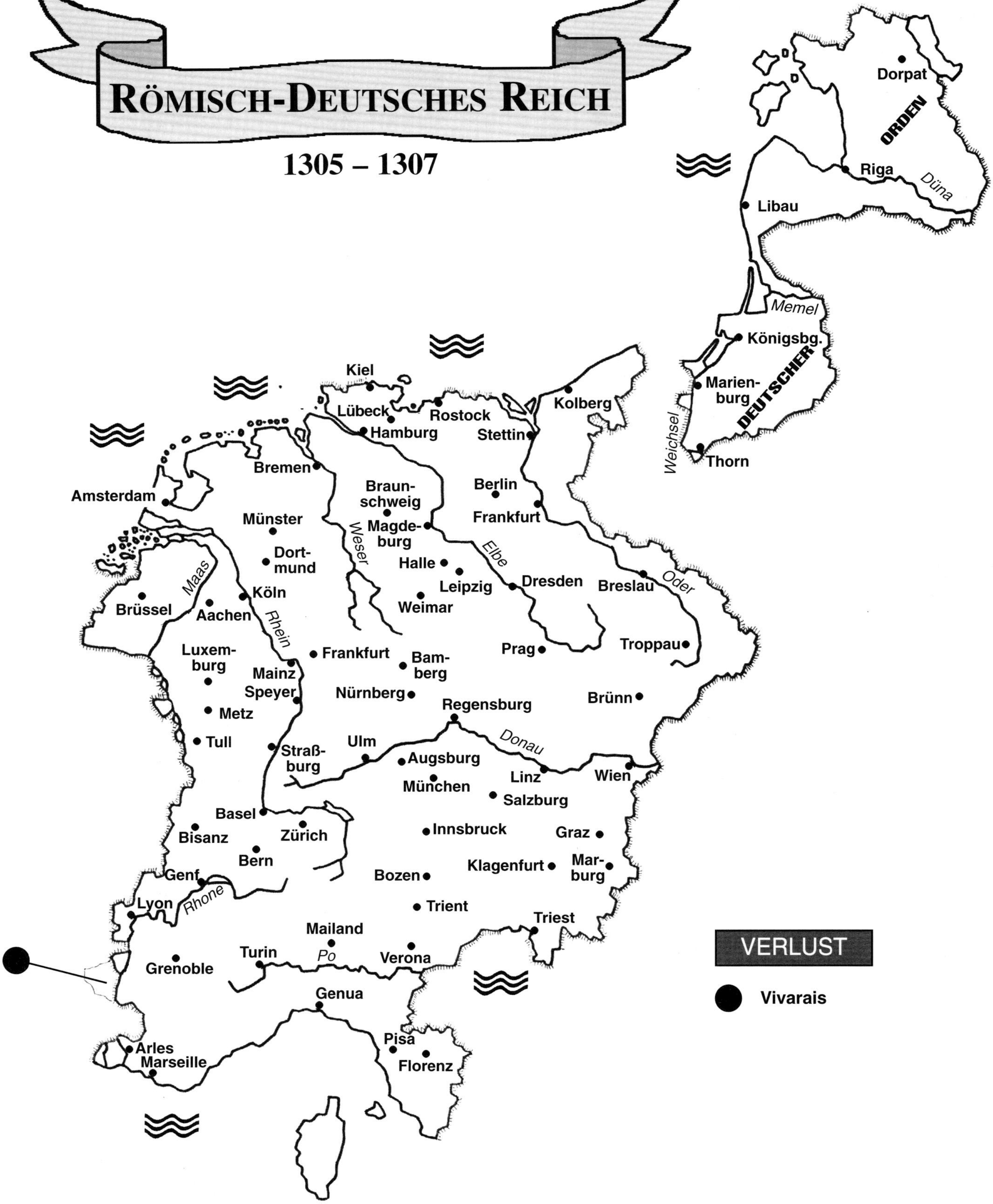

*Im Zuge der französischen Expansionspolitik geht **1305** das Gebiet von Vivarais an der unteren Rhone dem Reich verloren.*

Römisch-Deutsches Reich

1307 – 1309

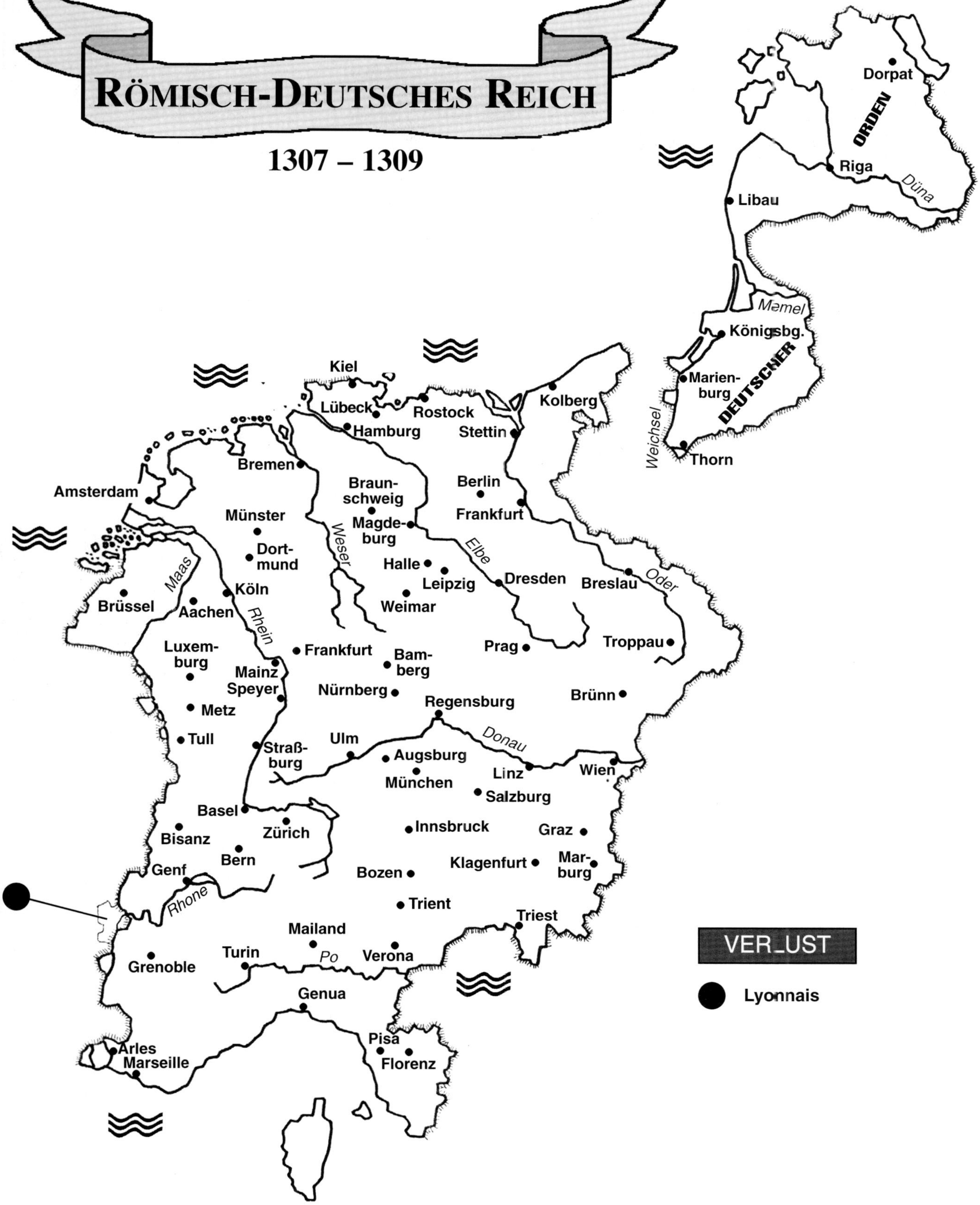

1307 *verliert das Reich auch Lyon mit Umgebung (Lyonnais) an Frankreich. In der Nachfolge Albrechts I. sitzt ab 1308 Heinrich VII. aus dem Geschlecht der Lützelburger (Luxemburger) auf dem deutschenHerrscherthron.*

Römisch-Deutsches Reich

1309 – 1316

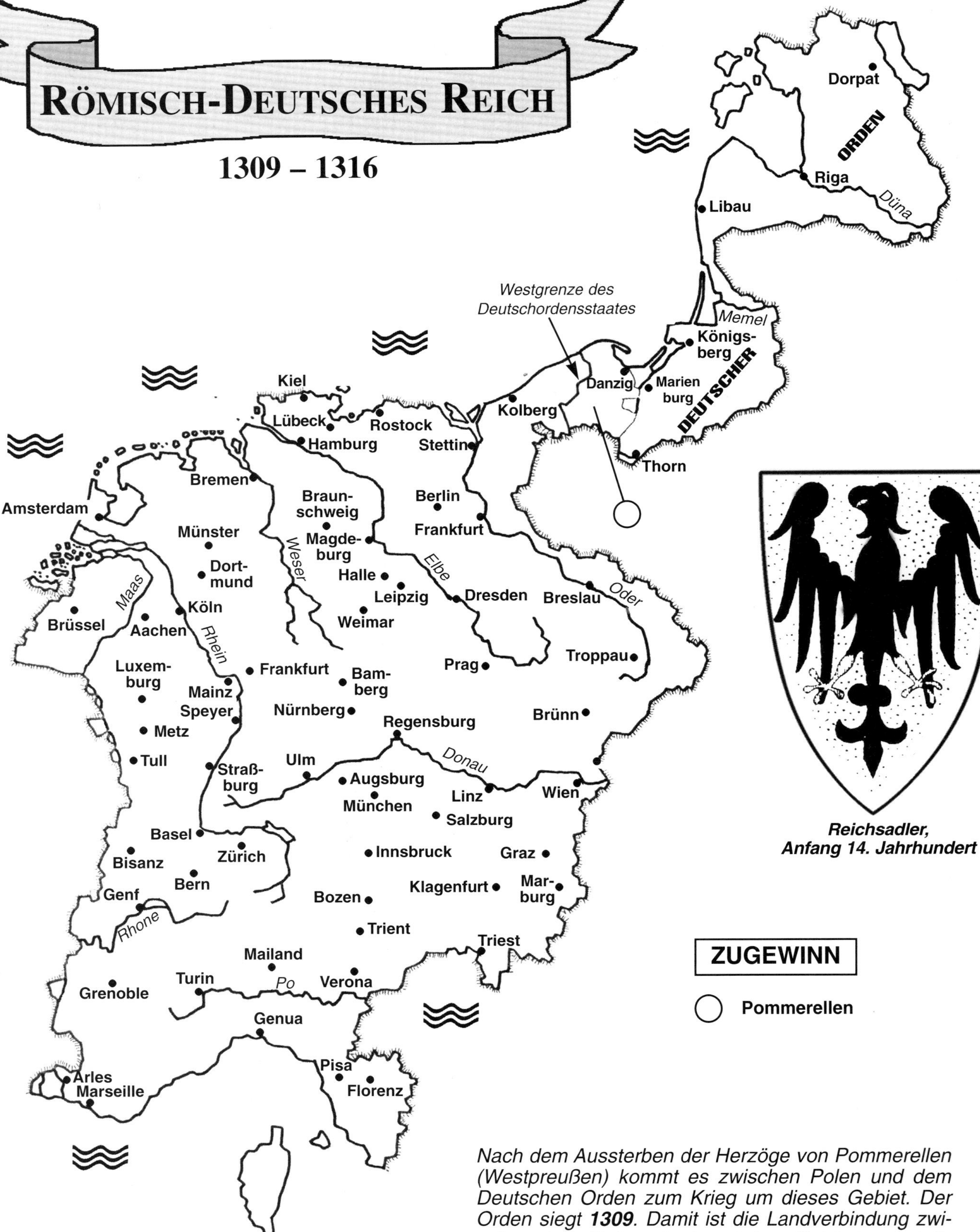

Reichsadler, Anfang 14. Jahrhundert

*Nach dem Aussterben der Herzöge von Pommerellen (Westpreußen) kommt es zwischen Polen und dem Deutschen Orden zum Krieg um dieses Gebiet. Der Orden siegt **1309**. Damit ist die Landverbindung zwischen dem Ordensstaat und dem Reich hergestellt. 1327 verzichtet der polnische König Kasimir der Große im Vertrag von Kalisch endgültig auf dieses Gebiet, nachdem das mit Litauen verbündete Polen abermals dem Deutschen Orden unterlegen war.*

Römisch-Deutsches Reich

1316 – 1325

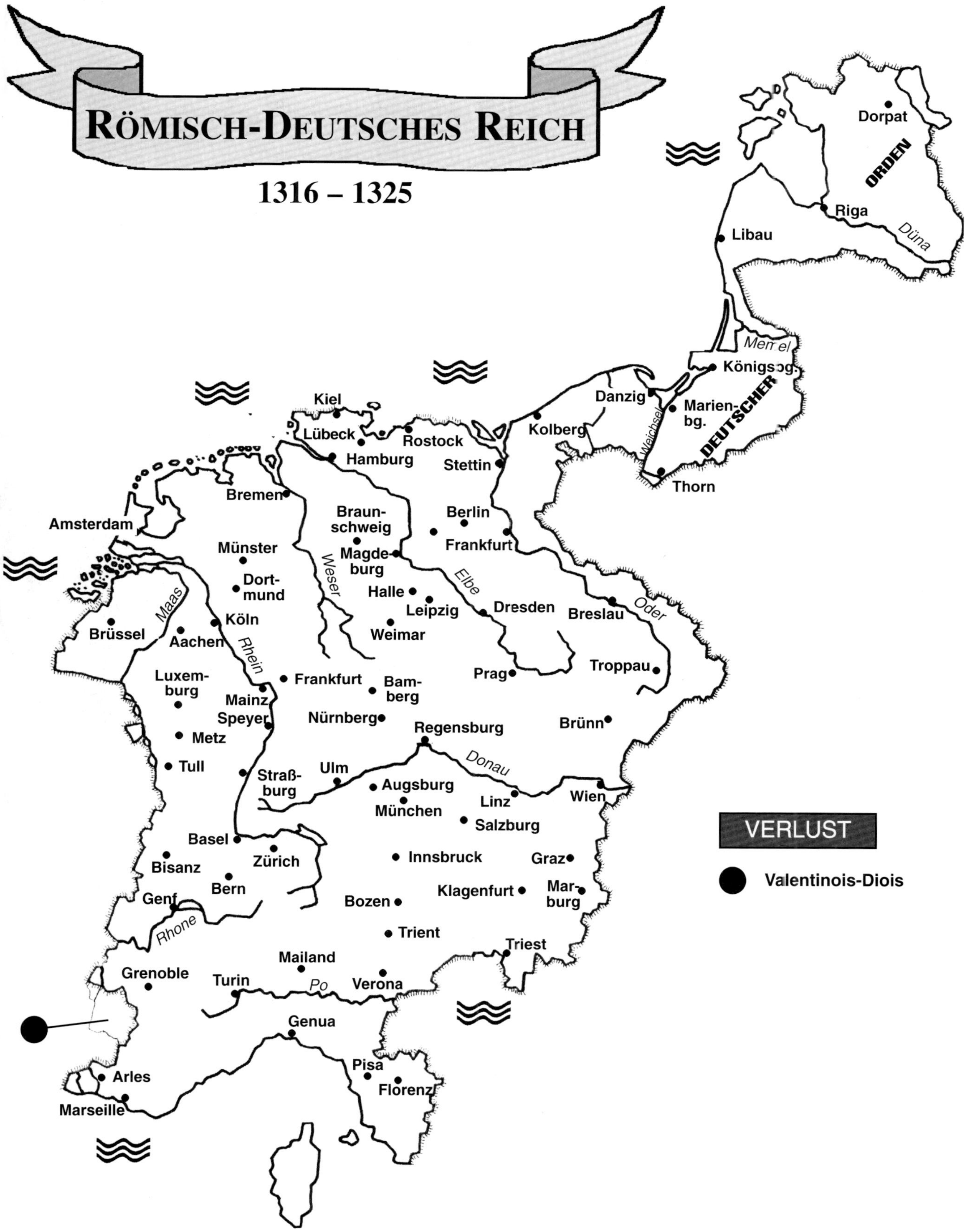

Der Vormarsch Frankreichs nach Osten geht weiter, indem es sich ***1316*** *die Länder Valentinois und Diois aneignet. In der Nachfolge Heinrichs VII. ist seit 1314 der Wittelsbacher Ludwig der Bayer Herrscher im Reich.*

Römisch-Deutsches Reich

1325 – 1328

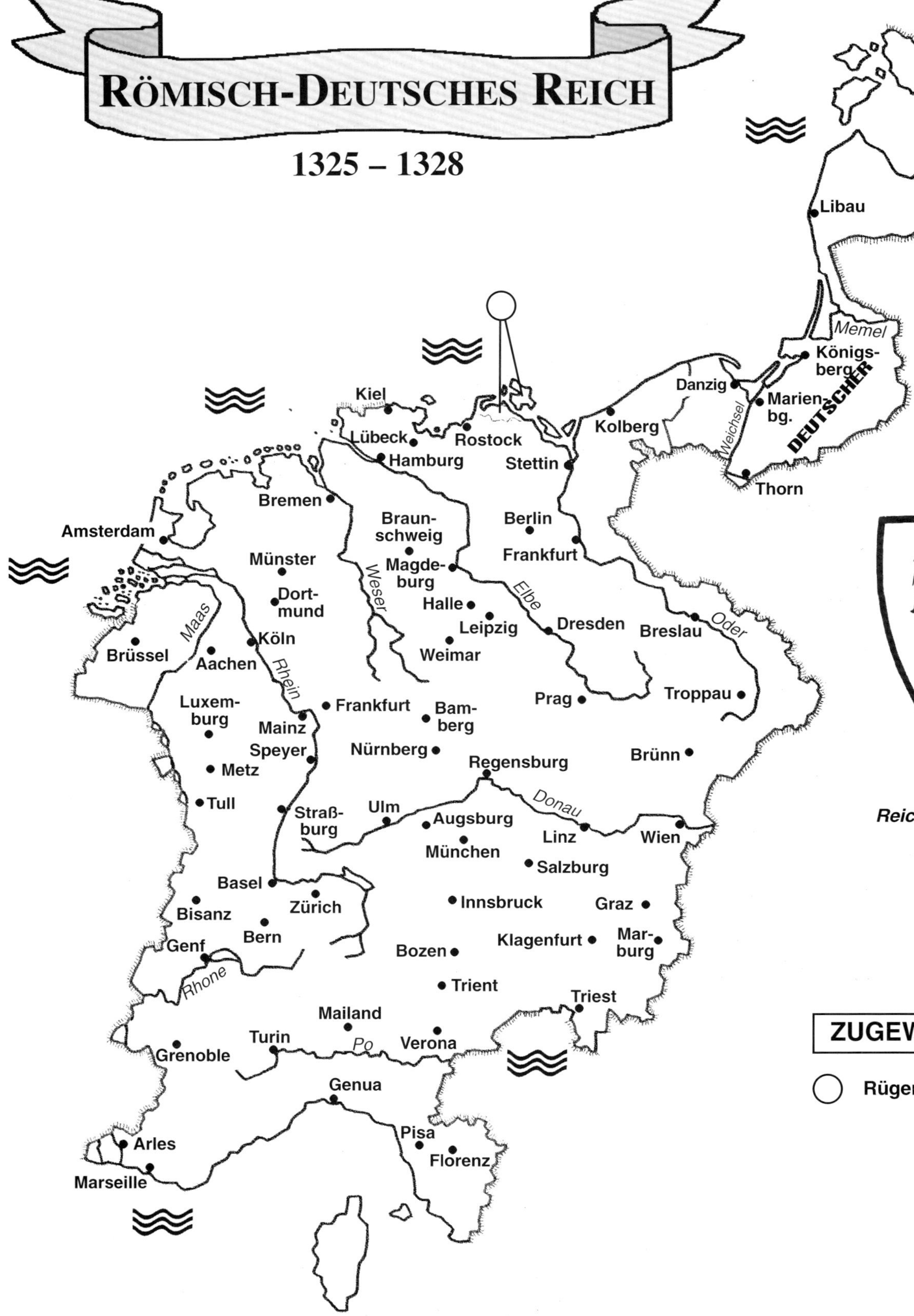

Reichsadler, 14. Jahrhunde

*Die Thronwirren in Dänemark geschickt nutzend, kann Graf Gerhard III. der Große von Holstein **1325** den Rest Nordmecklenburgs mit Rügen für das Reich gewinnen. Beide Gebiete kommen zu Pommern.*

Römisch-Deutsches Reich

1328 – 1339

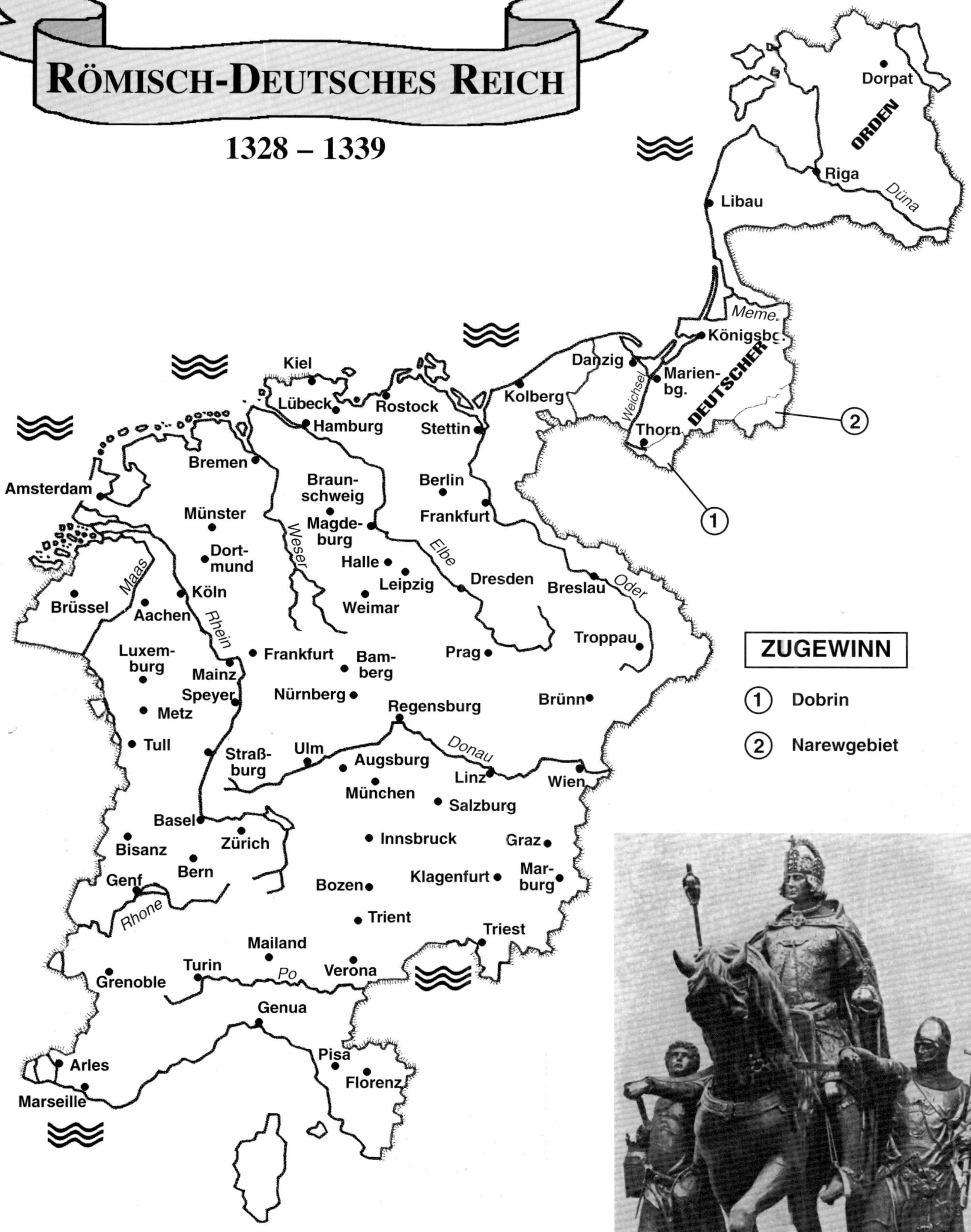

Im Krieg mit Polen kann sich der Deutsche Orden ***1328*** *in den Besitz der Gebiete von Dobrin und eines Landstreifens am Narew bringen.*

Ludwig der Bayer. Denkmal von Ferdinand von Miller.

Römisch-Deutsches Reich

1339 – 1346

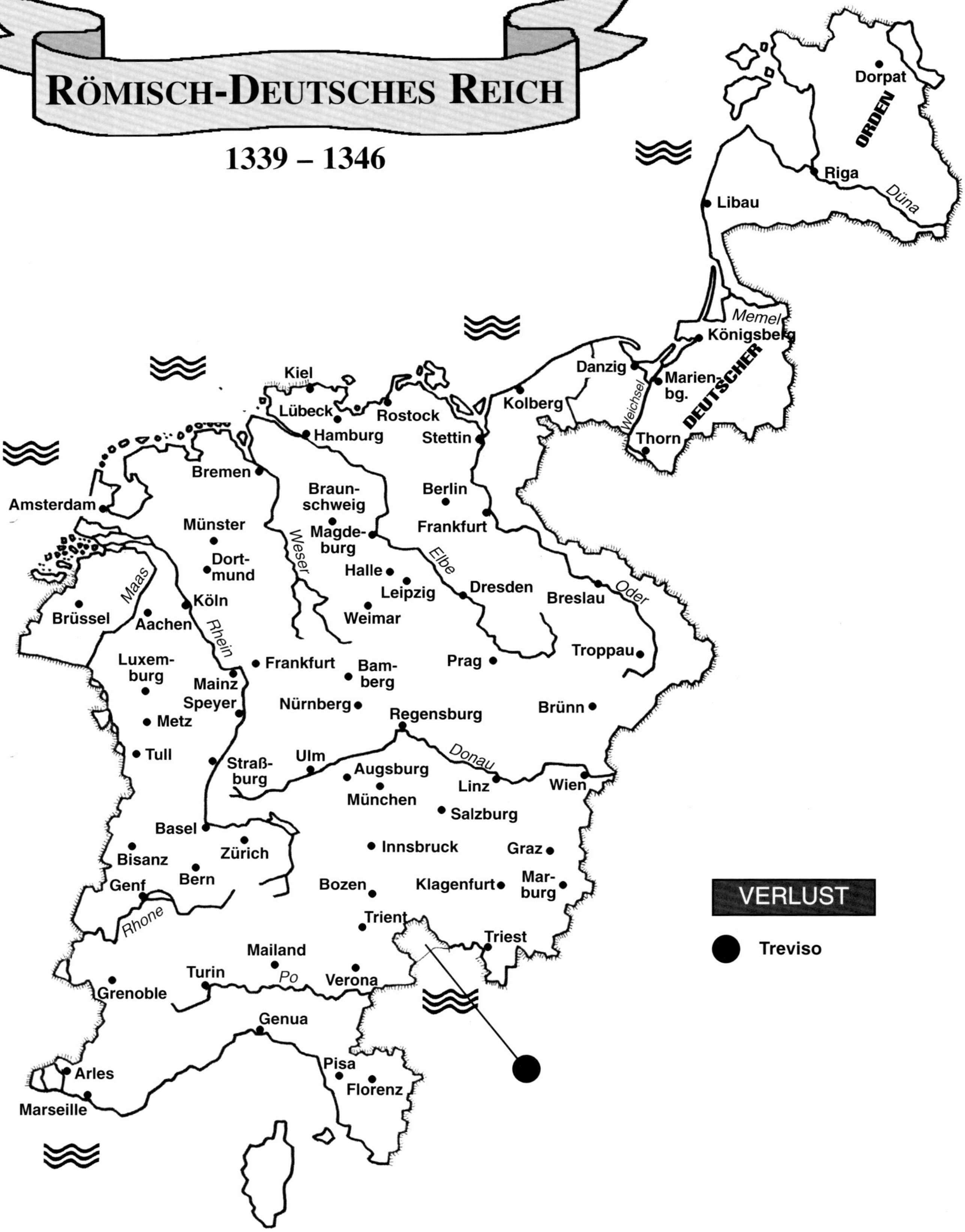

So wie Frankreich im Westen, nutzt die Republik Venedig im Süden die eingeschränkte Handlungsfähigkeit des Reiches, um sich auf dessen Kosten auszudehnen. ***1339*** *eignet sich Venedig das Gebiet von Treviso an.*

Römisch-Deutsches Reich

1346 – 1349

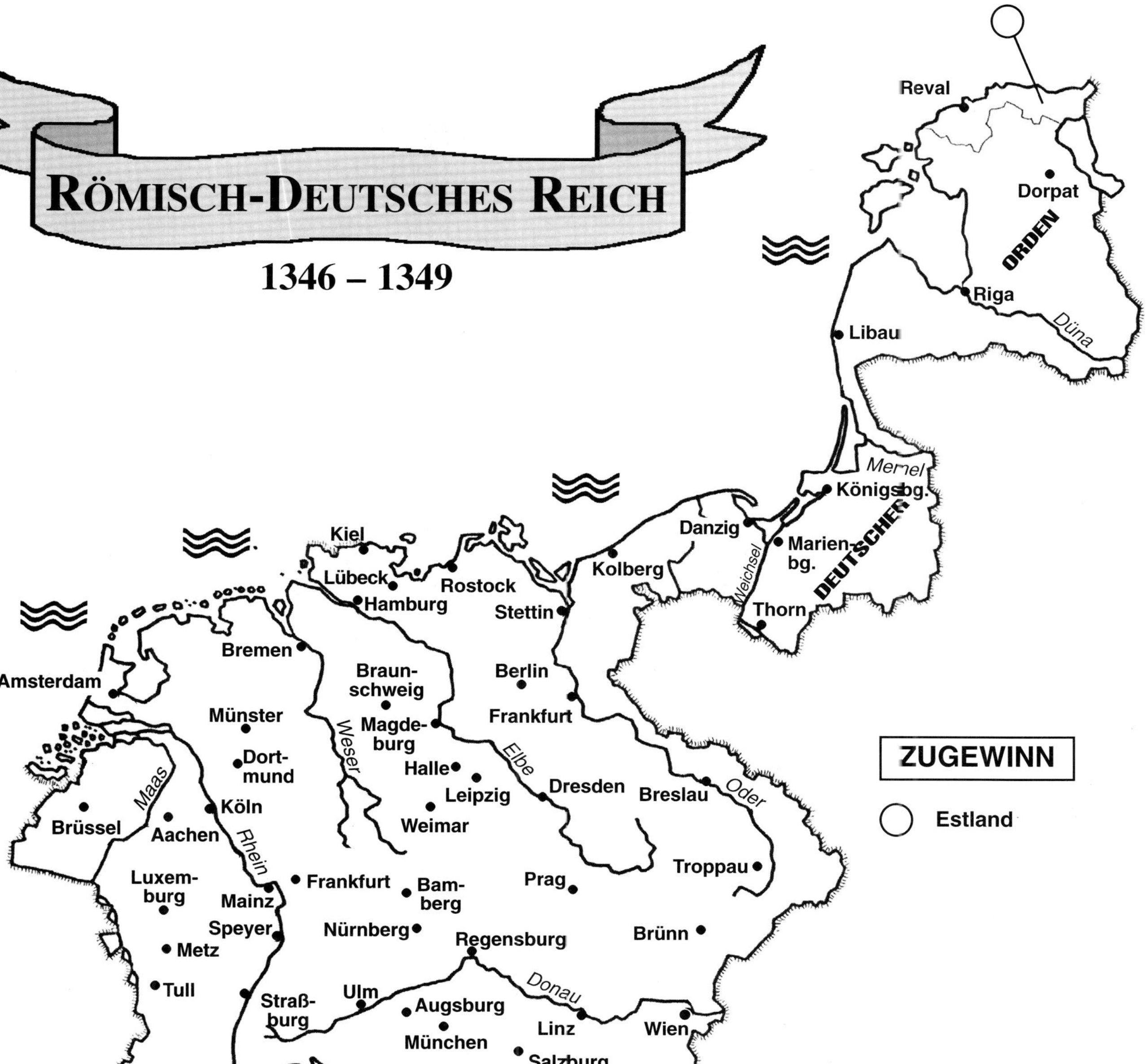
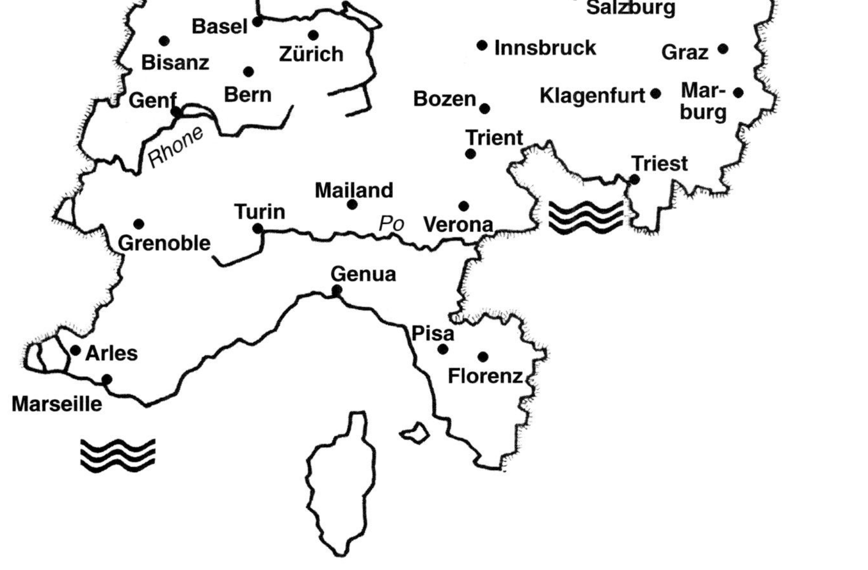

*Mit dem Kauf Estlands von Dänemark durch den Deutschen Orden ist ab **1346** das gesamte Baltikum im Besitz des Ordensstaates. Im Reich kommt 1347 der Lützelburger (Luxemburger) Karl IV. auf den Thron.*

Karl IV.; Buchminiatur um 1370.

Römisch-Deutsches Reich

1349 – 1388

__1349__ erwirbt Frankreich die gesamte Dauphiné, indem der letzte, kinderlose Herrscher, Humbert, sein bis dahin reichszugehöriges Land den französischen Herrschern vermacht. Kaiser Karl IV. († 1378) muß sich mit dem Verlust abfinden.

Mitte des 14. Jahrhunderts wurde auf Geheiß Kaiser Karls IV. in Böhmen die Burg Karlstein (oben; Schnitt von Regimund Reimesch) erbaut. Die Feste barg die Reichsheiligtümer (Abbildung rechts).

RÖMISCH-DEUTSCHES REICH

1388 – 1398

Der Landerwerb Venedigs auf Kosten des nun von König Wenzel regierten Reiches geht weiter. ***1388*** *nimmt sich die Lagunenrepublik das Gebiet von Belluno, ohne daß das Reich den Verlust zu verhindern vermag.*

Römisch-Deutsches Reich

1398 – 1404

Deutsches Kaiserbanner

ZUGEWINN

1. Gotland
2. Schamaiten
3. Gebiet bis zum mittleren Lauf der Memel

*Das Deutsche Reich zur Zeit höchster Machtentfaltung der Hanse und des Deutschen Ordens. Konrad von Jungingen, Hochmeister des Ordens, vertreibt **1398** die Vitalienbrüder (Freibeuter) von Gotland und nimmt die Insel in seinen Besitz. Im Kampf mit Litauen gewinnt der Deutsche Orden das Gebiet von Schamaiten und die Zone bis zum mittleren Lauf der Memel; er erreicht damit seine größte Ausdehnung*

Römisch-Deutsches Reich

1404 – 1405

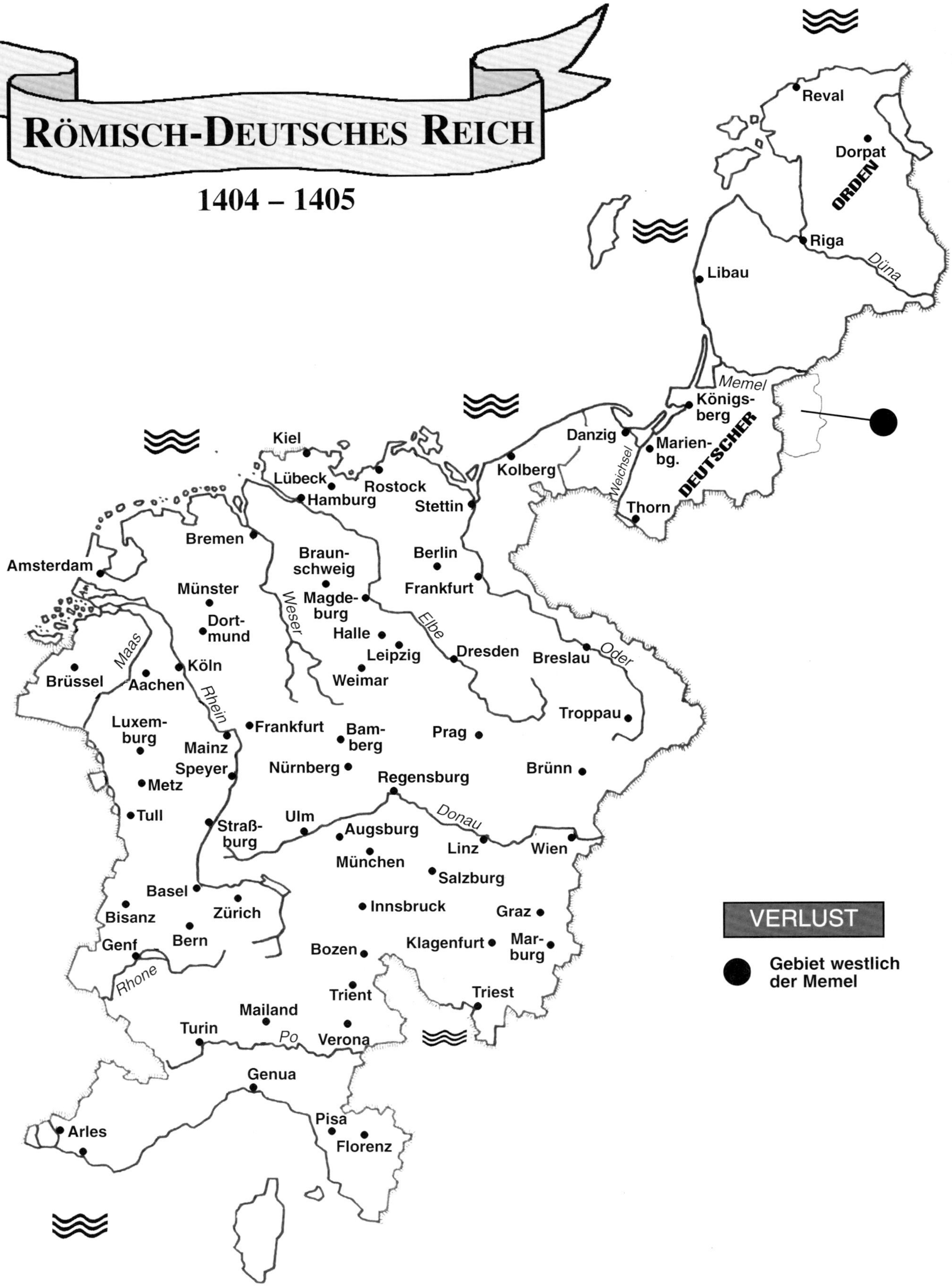

*Der Deutsche Orden überläßt **1404** Polen-Litauen die sogenannte Wildnis (Gebiete westlich der Memel) als „Pufferzone“ zwischen beiden Großmächten. Im Reich regiert seit 1400 als Nachfolger des von den Kurfürsten abgesetzen unfähigen Wenzel als neuer König Ruprecht von der Pfalz.*

RÖMISCH-DEUTSCHES REICH

1405 – 1406

__1405__ tritt der Deutsche Orden die Kujawischen Gebiete (Dobrin und das Narewgebiet) an Polen-Litauen ab.

RÖMISCH-DEUTSCHES REICH

1406 – 1407

*In Oberitalien dringen die Venetianer weiter vor. **1406** eignen sie sich das ohnehin nur noch nominell zum Reich gehörende Gebiet um Verona und Vicenza-Padua an.*

Römisch-Deutsches Reich

1407 – 1411

1407 überläßt der Deutsche Orden die Insel Gotland den Dänen. Im Reich regiert ab 1410/11 der deutsche König Sigmund.

Sigmund. Aus der Chronik Ulrich von Richentals.

RÖMISCH-DEUTSCHES REICH

1411 – 1421

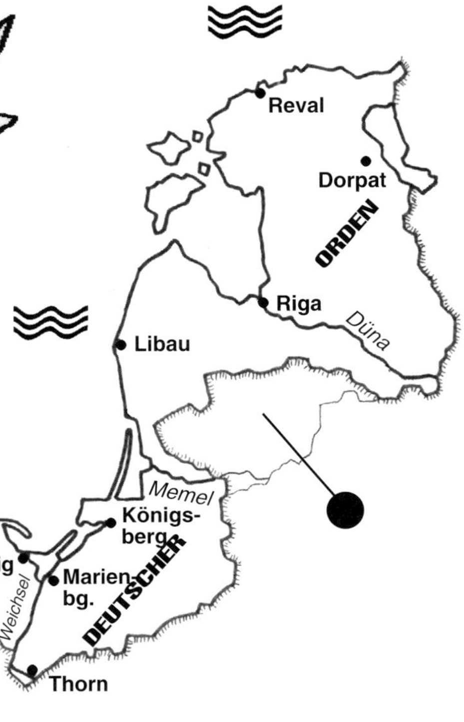

Kaiserliches Adler-Siegel
1410 – 1422

VERLUST

● Schamaiten

In der Schlacht bei Tannenberg 1410 erleidet das 12 000 Mann starke Deutschordensheer im Kampf gegen 20 000 Polen und Litauer eine furchtbare Niederlage. Heinrich von Plauen, Komtur von Schwetz, gelingt die Verteidigung der Marienburg und der Rückerwerb des polnisch-litauisch besetzten Ordenslandes. Er wird neuer Hochmeister des Deutschen Ordens. Im Frieden zu Thorn ***1411*** *muß der Orden Schamaiten, die Verbindung zwischen Preußen und Baltikum, abtreten.*

Römisch-Deutsches Reich

1421 – 1422

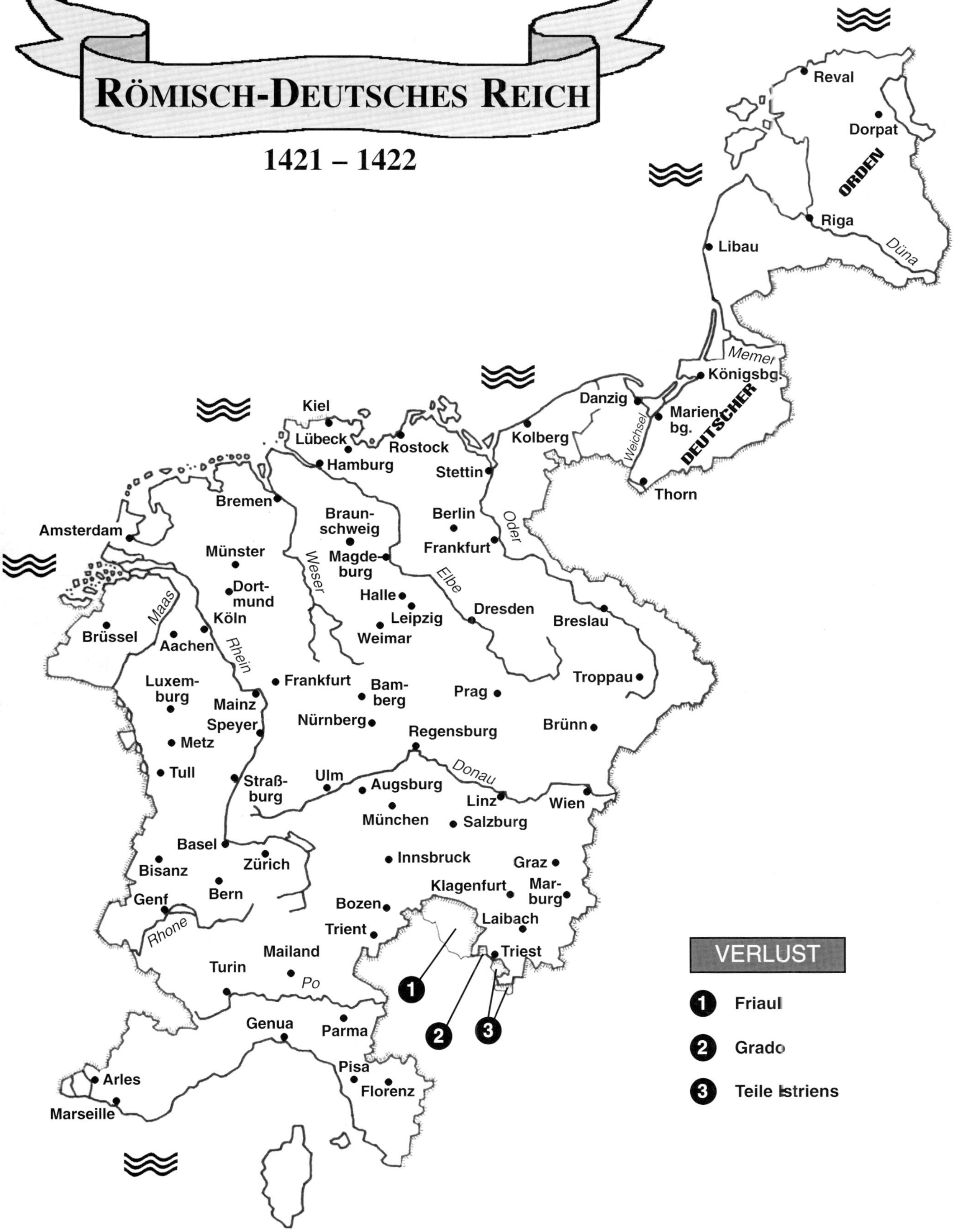

1421 annektiert Venedig Friaul, Grado und kleinere Reichsgebiete in Istrien.

Römisch-Deutsches Reich

1422 – 1428

Zwischen dem Deutschen Orden und Polen-Litauen kommt es 1419 erneut zum Krieg. Der Orden unterliegt und muß ***1422*** *im Frieden von Meldensee das Nessauer Land westlich der Weichsel und den Rest von Schamaiten abtreten. Damit sind Preußen und Livland-Estland endgültig territorial voneinander getrennt. Die neue deutsch-litauische Grenze hat bis 1919 Bestand.*

Römisch-Deutsches Reich

1428 – 1443

Kaiserseigel um 1433

VERLUST

● Brescia, Bergamo, Crema

*Die Republik Venedig erreicht **1428** durch den Erwerb von Brescia, Bergamo und Crema vom Reich ihre endgültige territoriale Gestalt in Oberitalien. Im Reich folgt 1438 auf Sigmund König Albrecht II. Ab 1440 regiert Friedrich III.*

Heiliges Römisches Reich Deutscher Nation

1443 – 1445

*Seit 1335 ist die Grenze zwischen dem Reich und Polen eine der beständigsten in Europa. Lediglich kommt **1443** das kleine Gebiet um Siewiertz im östlichen Oberschlesien an Polen.*
Seit etwa 1438 lautet die gebräuchliche Bezeichnung des Reiches: Sacrum Romanum Imperium Nationis Germanicae (Heiliges Römisches Reich Deutscher Nation). Dieser Name wird 1486 erstmals gesetzlich erwähnt und ist von 1512 bis 1806 offizielle Titulatur.

HEILIGES RÖMISCHES REICH DEUTSCHER NATION

1445 – 1457

Deutscher Adler auf einem Schild, zweite Hälfte 15. Jahrhundert

*Unabhängig von der deutsch-ungarischen Staatsgrenze gehört das später „Burgenland“ genannte Gebiet im Westen Ungarns zum geschlossenen deutschen Volks- und Sprachraum. **1445** schließen sich die dortigen deutschen Städte Eisenstadt und Güns Österreich und damit dem Reich an.*

Heiliges Römisches Reich Deutscher Nation

1457 – 1466

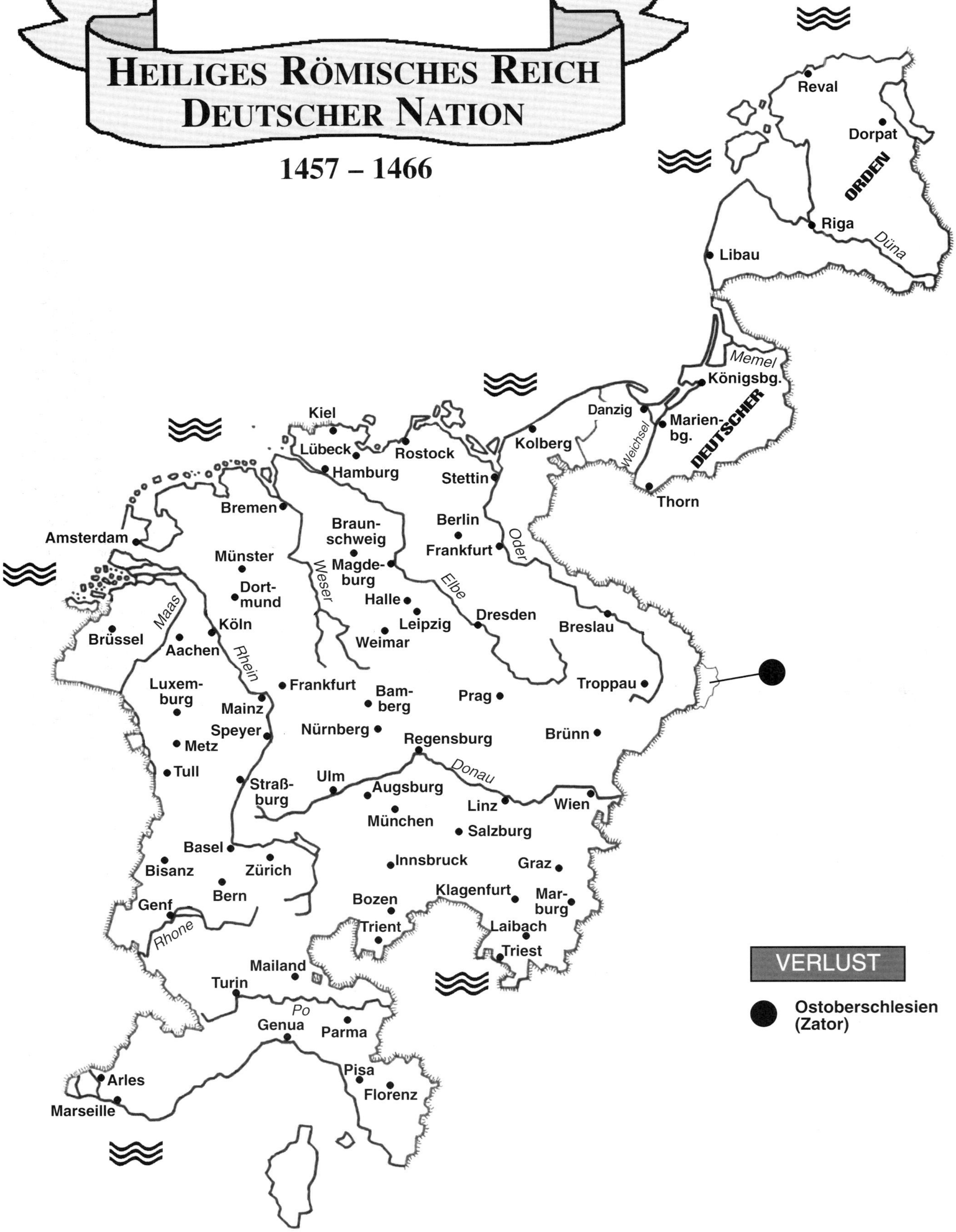

*Im Jahre **1457** wird das ostoberschlesische Gebiet um Zator polnisch. Damit ist jene deutsch-polnische Grenze entstanden, die bis zu den sogenannten Polnischen Teilungen Bestand hat.*

Seit alters her nahmen die deutschen Könige nach der Krönungszeremonie in Aachen am Heiligen Hain zu Rhens am Rhein die Huldigung der Menge entgegen. Die Zeichnung zeigt die im 14. Jahrhundert erbaute Halle am Königsstuhl von Rhens.

Heiliges Römisches Reich Deutscher Nation

1466 – 1481

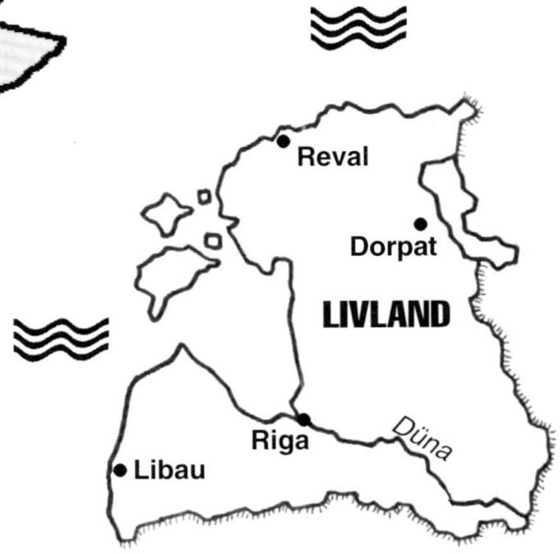

VERLUST

1. Westpreußen
2. Kulmer Land
3. Ermland
4. Ostpreußen

***1466** ist der Deutsche Orden Polen endgültig unterlegen. Im Frieden von Thorn werden Westpreußen (mit Ausnahme von Bütow-Lauenburg, das im Reich verbleibt und zu Pommern kommt), das Kulmer Land und Ermland der polnischen Krone unterstellt (Personalunion). Ostpreußen scheidet aus dem Reichsverband, kommt unter polnische Lehnshoheit, bleibt aber deutsches Land unter dem deutschen Hochmeister. Livland geht unter seinem deutschen Landmeister weitgehend eigene Wege (1526 allerdings wird der livländische Ordensmeister in den Reichsfürstenstand erhoben). Danzig wird 1466 Freie Reichsstadt im Zeichen der Hanse. Westpreußen behält deutsche Verwaltung, sendet keine Vertreter in den polnischen Reichstag, ist also de jure kein Bestandteil des polnischen Staates.*

Heiliges Römisches Reich Deutscher Nation

1481 – 1500

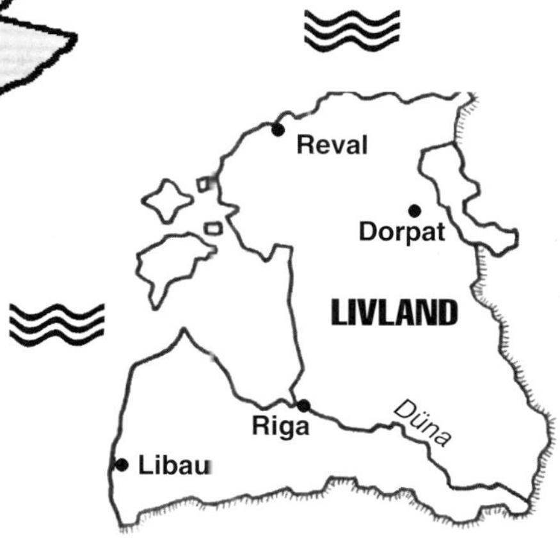

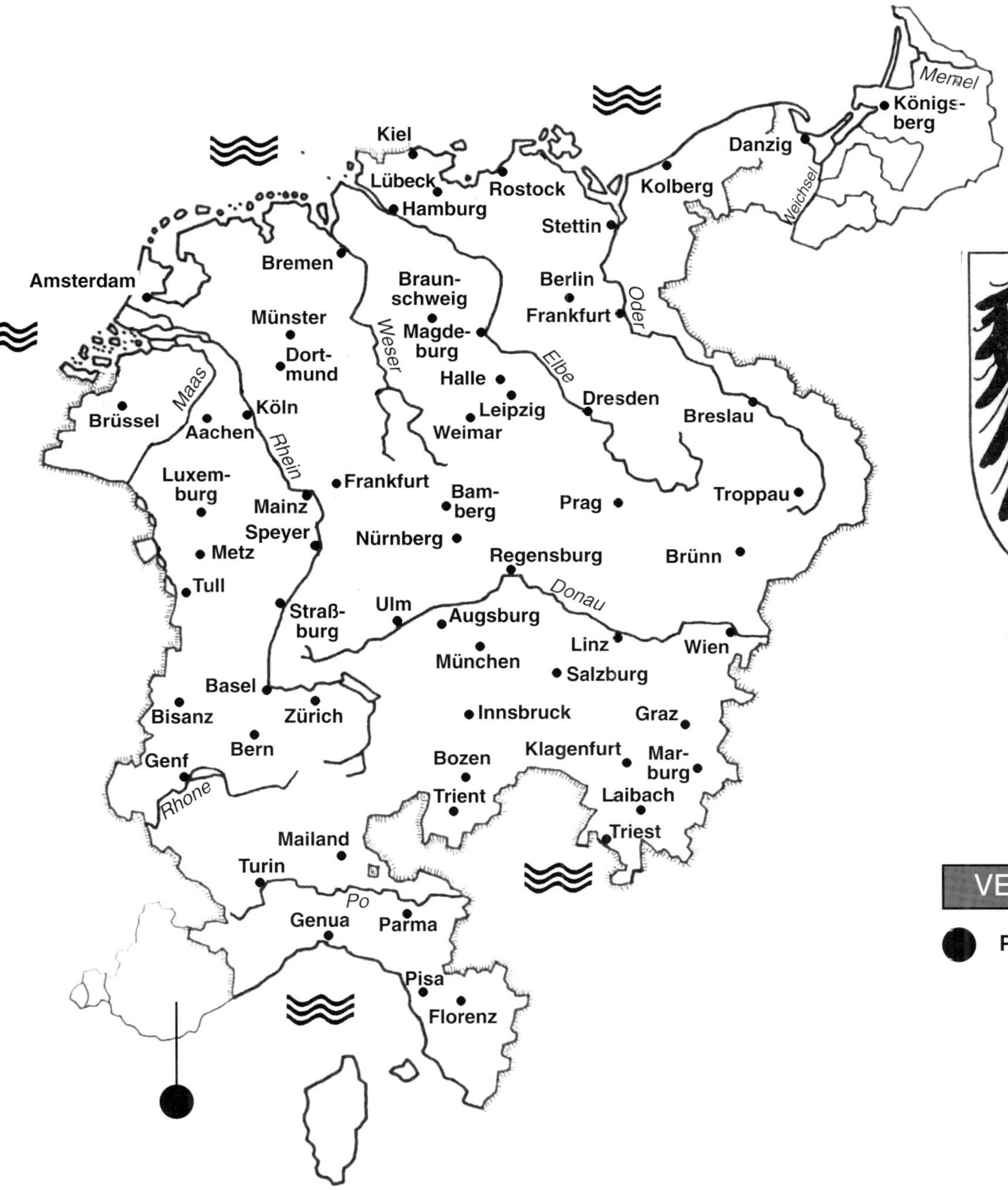

Adlerwappen Kaiser Friedrichs III., Ende 15. Jahrhundert

VERLUST

Provence

*Die schon seit 1246 dort herrschenden Anjous lösen **1481** die Oberhoheit des Reiches über die Provence, den Rest des alten Königreiches Burgund, auf. 1493 folgt Maximilian I., „der letzte Ritter", Kaiser Friedrich III., der über ein halbes Jahrhundert geherrscht hatte, auf dem Thron des Reiches.*

Heiliges Römisches Reich Deutscher Nation

1500 – 1512

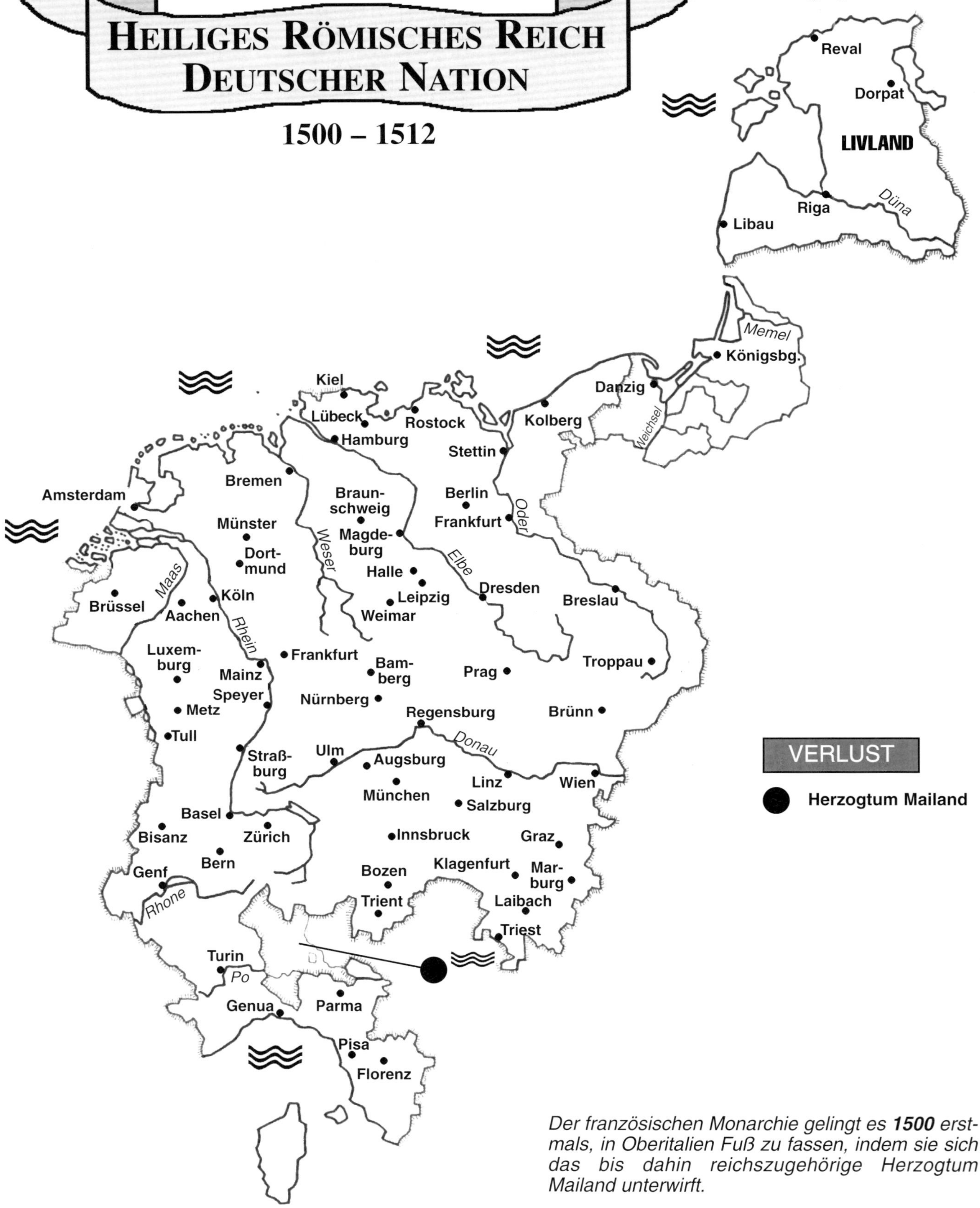

*Der französischen Monarchie gelingt es **1500** erstmals, in Oberitalien Fuß zu fassen, indem sie sich das bis dahin reichszugehörige Herzogtum Mailand unterwirft.*

Heiliges Römisches Reich Deutscher Nation

1512 – 1515

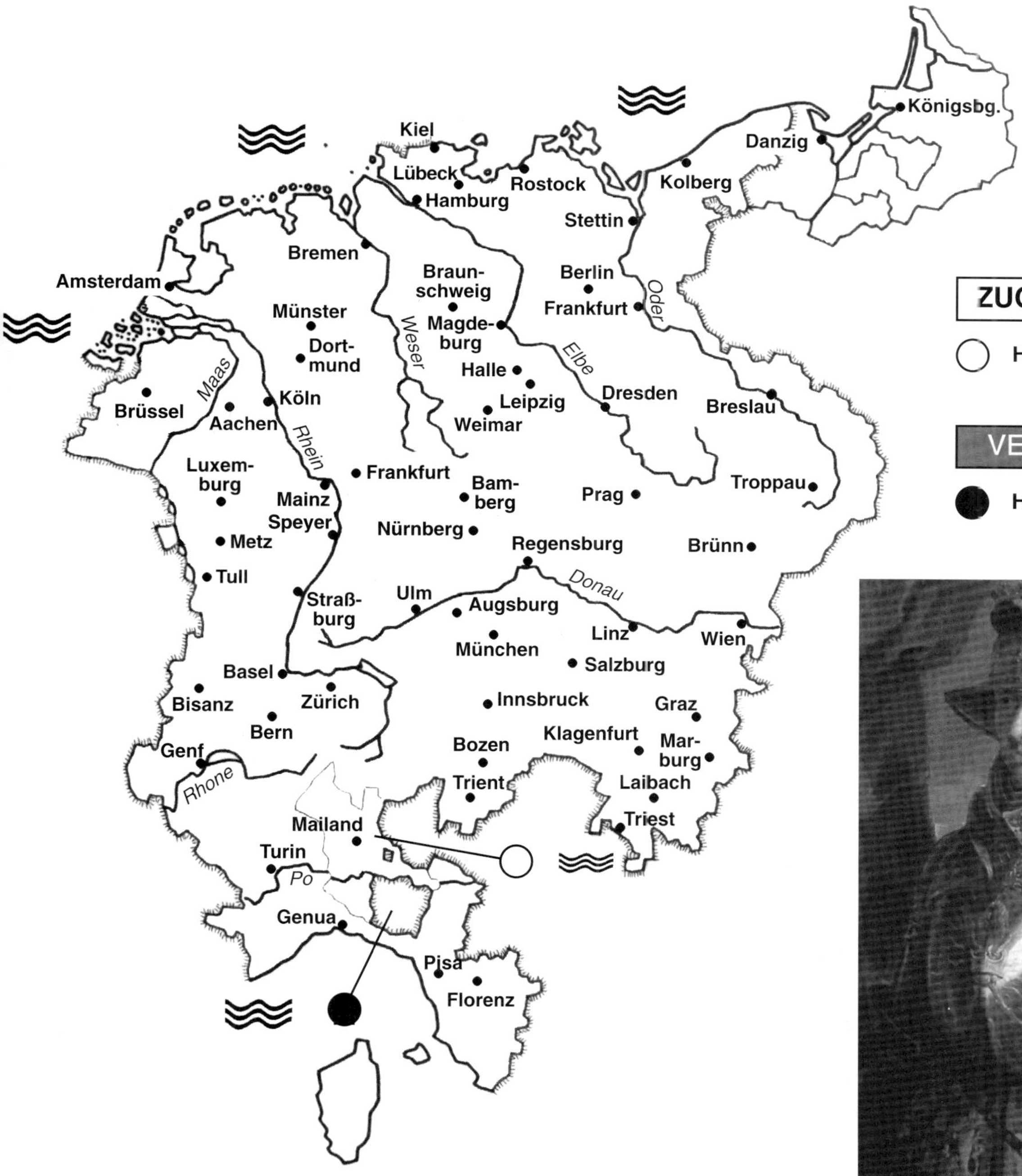

ZUGEWINN

○ Herzogtum Mailand

VERLUST

● Herzogtum Parma

*Frankreich muß sich **1512** aus dem Herzogtum Mailand wieder zurückziehen. Im selben Jahr löst sich das Herzogtum Parma aus der nominellen Reichszugehörigkeit.*

Maximilian I., „der letzte Ritter". Gemälde von Rubens

Heiliges Römisches Reich Deutscher Nation

1515 – 1521

*König Franz I. von Frankreich kann das Herzogtum Mailand **1515** erneut in seinen Besitz bringen. 1519 stirbt der deutsche König und Kaiser Maximilian I. Ihm folgt auf dem Thron zur Zeit der beginnenden Reformation Karl V.*

Heiliges Römisches Reich Deutscher Nation

1521 – 1523

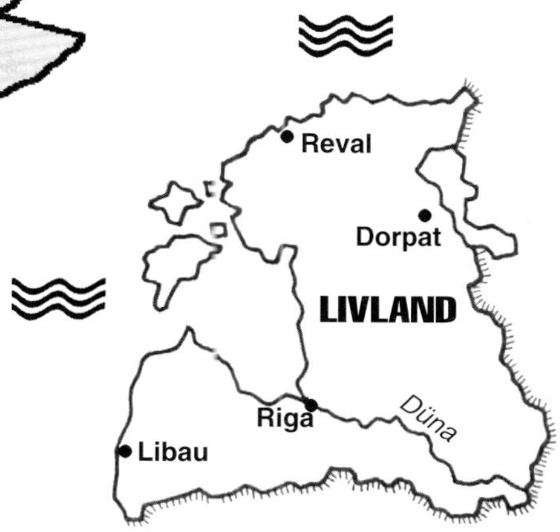

Reichsadler im frühen 16. Jahrhundert

ZUGEWINN

○ Herzogtum Mailand

*Kaiser Karl V., als Karl I. zugleich König von Spanien, vertreibt **1521** Franz I. von Frankreich erneut aus Mailand, obsiegt 1525 bei Pavia in der größten Schlacht des Jahrhunderts und zwingt 1526 Franz I. zum Frieden von Madrid.*

Heiliges Römisches Reich Deutscher Nation

1523 – 1526

*Frankreich entreißt **1523** dem zum Reich gehörende Savoyen das Gebiet von Dombes. 1525 wandelt d deutsche Ordenshochmeister Albrecht von Brandenbu das (ost)preußische Ordensgebiet, das unter polnisch Lehnshoheit steht, in ein weltliches Herzogtum um.*

Heiliges Römisches Reich Deutscher Nation

1526 – 1543

*Im Frieden von Madrid **1526** zwingt Kaiser Karl V. Frankreich, Flandern und das Artois aus der französischen Lehnshoheit zu entlassen. Beide Länder gehören nun zum Reich. Im selben Jahr unterliegt der ungarische König Ludwig den Türken in der Schlacht von Mohacs. Der kinderlose König fällt. Der Bruder Kaiser Karls V., Ferdinand, ist nun erbberechtigt. Der türkische Sultan Soliman erkennt ihn nicht an. 1529 belagern die Türken zum ersten Mal Wien, die Reichshauptstadt. Die Türken müssen schließlich die Belagerung abbrechen. Ungarn wird vertraglich zwischen Türken und Habsburgern geteilt. Fortan reicht die tatsächliche Macht des Kaisers bis zur Grenze Österreichs in Ungarn.*

Karl V. im kaiserlichen Krönungsornat. Zeitgenössisches Gemälde.

Heiliges Römisches Reich Deutscher Nation

1543 – 1545

1543 *bringt Franz I. von Frankreich die Grafschaft Saluzzo in den Alpen in seine Gewalt.*

Heiliges Römisches Reich Deutscher Nation

1545 – 1552

Wappen und Wahlspruch Kaiser Karls V.

*Kaiser Karl V. erneuert **1545** die Lehnsherrschaft des Reiches über das Herzogtum Parma.*

Heiliges Römisches Reich Deutscher Nation

1552 – 1559

Kurfürst Moritz von Sachsen verbünd sich 1551 sowohl mit der gegen d Kaiser gerichteten Fürstenopposition a auch mit König Heinrich II. von Fran reich, den er veranlaßt, sich die d deutschen Reichsstädte Metz, Tull (To und Wirten (Verdun) anzueignen. D Franzose überfällt die Städte ***1552*** *m ten im Frieden, während die Ause andersetzungen mit den Fürsten d Kaiser binden. Damit hat Frankrei inmitten des deutschen Westens F gefaßt, begünstigt durch Zwietracht u Verrat in Deutschland.*

Das Germania-Gemälde von Philipp Veit; es zierte die Deutsche Nationalversammlung in der Paulskirche zu Frankfurt am Main.

Kaiser Karl IV. und die Kurfürsten. Aus einem zeitgenössischen Wappenbuch. Von links: Erzbischof von Trier (Erzkanzler für Burgund), Erzbischof von Köln (Erzkanzler für Italien), Erzbischof von Mainz (Erzkanzler für Deutschland), der Kaiser, König von Böhmen (Erzschenk), Pfalzgraf bei Rhein, (Erztruchseß), Herzog von Sachsen (Erzmarschall), Markgraf von Brandenburg, (Erzkämmerer).

Der Reichsadler mit den Wappen der Länder und Freier Städte des Reiches. Kolorierter Holzschnitt von Hans Burgkmair von 1511.

Heiligtümer (Insignien, Kleinodien) des Reiches: Die über 1000 Jahre alte Reichskrone, der vor mehr als 800 Jahren gefertigte Reichsapfel, das vor rund 650 Jahren geschaffene Reichszepter sowie das Reliquiar vom Kreuze Jesu. Die Reichsheiligtümer werden in der Wiener Hofburg verwahrt.

HEILIGES RÖMISCHES REICH DEUTSCHER NATION

1559 – 1561

***1559** bemächtigt sich Dänemark des dem Deutschen Orden in Livland gehörenden Bistums Pilten. Im Reich regiert seit 1556 Ferdinand I. als Nachfolger Karls V.*

HEILIGES RÖMISCHES REICH DEUTSCHER NATION

1561 – 1569

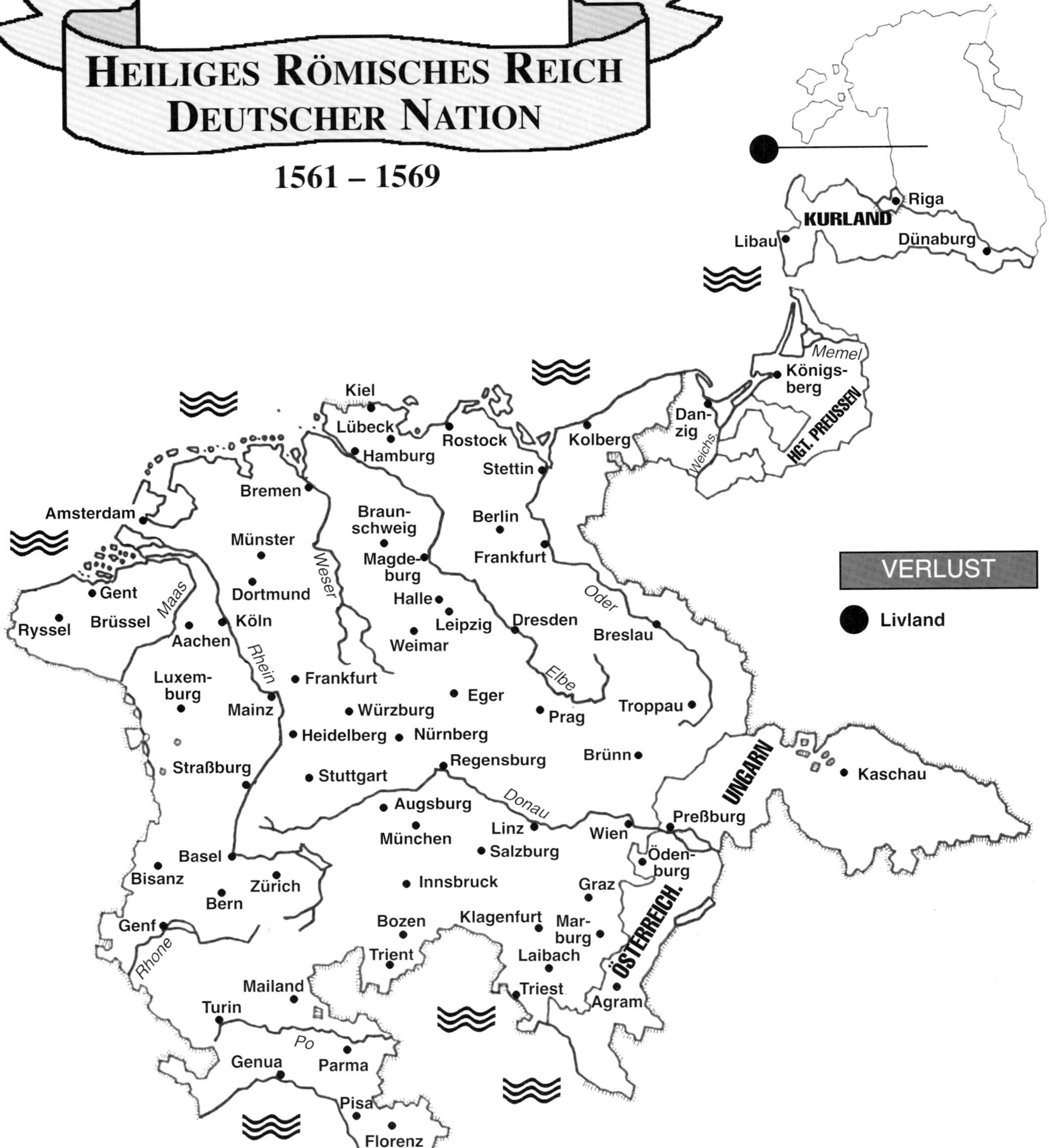

Auf sich allein gestellt ist das letzte souveräne Ordensgebiet Livland, dem Druck Rußlands ausgeliefert. Zwar kann der Deutschordensmeister Wolter von Plettenberg die Russen 1510 zunächst schlagen. Als jedoch Iwan der Schreckliche 1558 erneut Livland angreift, unterstellt Gottfried Ketteler, der letzte Landmeister, das Land den Schweden und den Polen. Als eigener deutscher Staat (allerdings unter polnischer Oberherrschaft) verbleibt ab ***1561*** *nur Kurland; Riga wird zunächst Freie Stadt. Als Nachfolger Ferdinands I. regiert im Reich ab 1564 Maximilian II.*

Heiliges Römisches Reich Deutscher Nation

1569 – 1581

1569 *verleibt sich Polen unter Bruch des Thorner Friedens von 1466 Westpreußen als Provinz ein; das Land verliert seine eigene deutsche Verwaltung, die trotz nominellen Ausscheidens aus dem Reichsverband ab 1466 weiterbestanden hatte. Lediglich Danzig und Thorn können sich einen Rest an Eigenständigkeit erhalten. Im Reich folgt Rudolf II. 1576 Maximilian II. als Herrscher.*

Heiliges Römisches Reich Deutscher Nation

1581 – 1585

*Die Freie Stadt Riga, letztes souveränes deutsches Gebiet im Baltikum, wird **1581** von Polen annektiert.*

Heiliges Römisches Reich Deutscher Nation

1585 – 1592

*Mit Hilfe Polens gewinnt das Herzogtum Kurland **1585** das Bistum Pilten von Dänemark zurück.*

Heiliges Römisches Reich Deutscher Nation

1592 – 1601

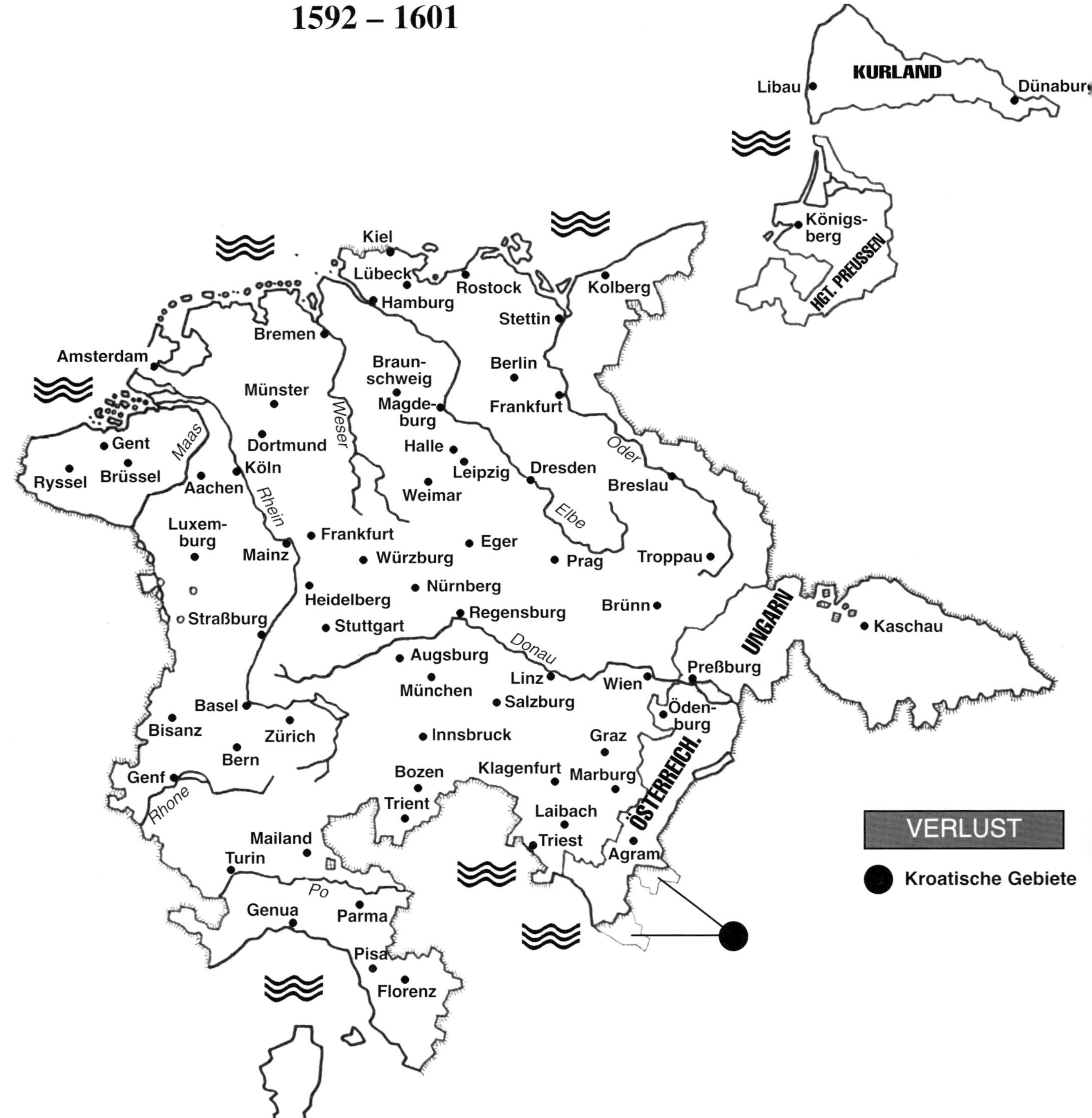

*Im Südosten flackert immer wieder der Kampf mit den Türken auf, die den Habsburgern **1592** einige Gebiete im Süden Kroatiens entreißen.*

HEILIGES RÖMISCHES REICH DEUTSCHER NATION

1601 – 1631

Reichsadler Anfang 17. Jahrhundert

*Frankreich gibt dem Reich zwar **1601** in Oberitalien die Grafschaft Saluzzo zurück, stößt aber an einer weitaus wichtigeren Stelle der deutschen Westgrenze fast bis zum Genfer See vor, indem es sich die Gebiete Bugey-Bresse einverleibt. Im Reich folgt dem Kaiser Rudolf II. als Herrscher 1612 Matthias II. 1618 bricht der verheerende Dreißigjährige Krieg aus.*

Heiliges Römisches Reich Deutscher Nation

1631 – 1632

*Im Dreißigjährigen Krieg wird das Reich zum Schlachtfeld fremder Mächte und zerfleischen sich Deutsche untereinander. **1631** verleibt sich Frankreich die Alpentäler von Exilles ein.*

Heiliges Römisches Reich Deutscher Nation

1632 – 1637

*Im Jahre **1632** kommt das Gebiet von Clermont in Lothringen an Frankreich. 1637 folgt auf Ferdinand II. als Kaiser Ferdinand III.*

HEILIGES RÖMISCHES REICH DEUTSCHER NATION

1637 – 1641

*Als sich Mitte der 1630er Jahre Kriegsmüdigkeit ausbreitet und sich ein für das Reich glimpflicher Friede mit Bewahrung kaiserlicher Macht abzeichnet, facht Frankreich das Feuer erneut an. Es kommt zum blutigsten Abschnitt des Dreißigjährigen Krieges, dem schwedisch-französischen Krieg auf deutschem Boden. **1637** fallen die pommerschen Gebiete Lauenburg und Bütow an Polen.*

Heiliges Römisches Reich Deutscher Nation

1641 – 1642

__1641__ bemächtigt sich Frankreich des Gebietes von Stenay an der Maas (Lothringen).

Heiliges Römisches Reich Deutscher Nation

1642 – 1645

__1642__ geht dem Reich das Gebiet von Sedan an Frankreich verloren.

Heiliges Römisches Reich Deutscher Nation

1645 – 1648

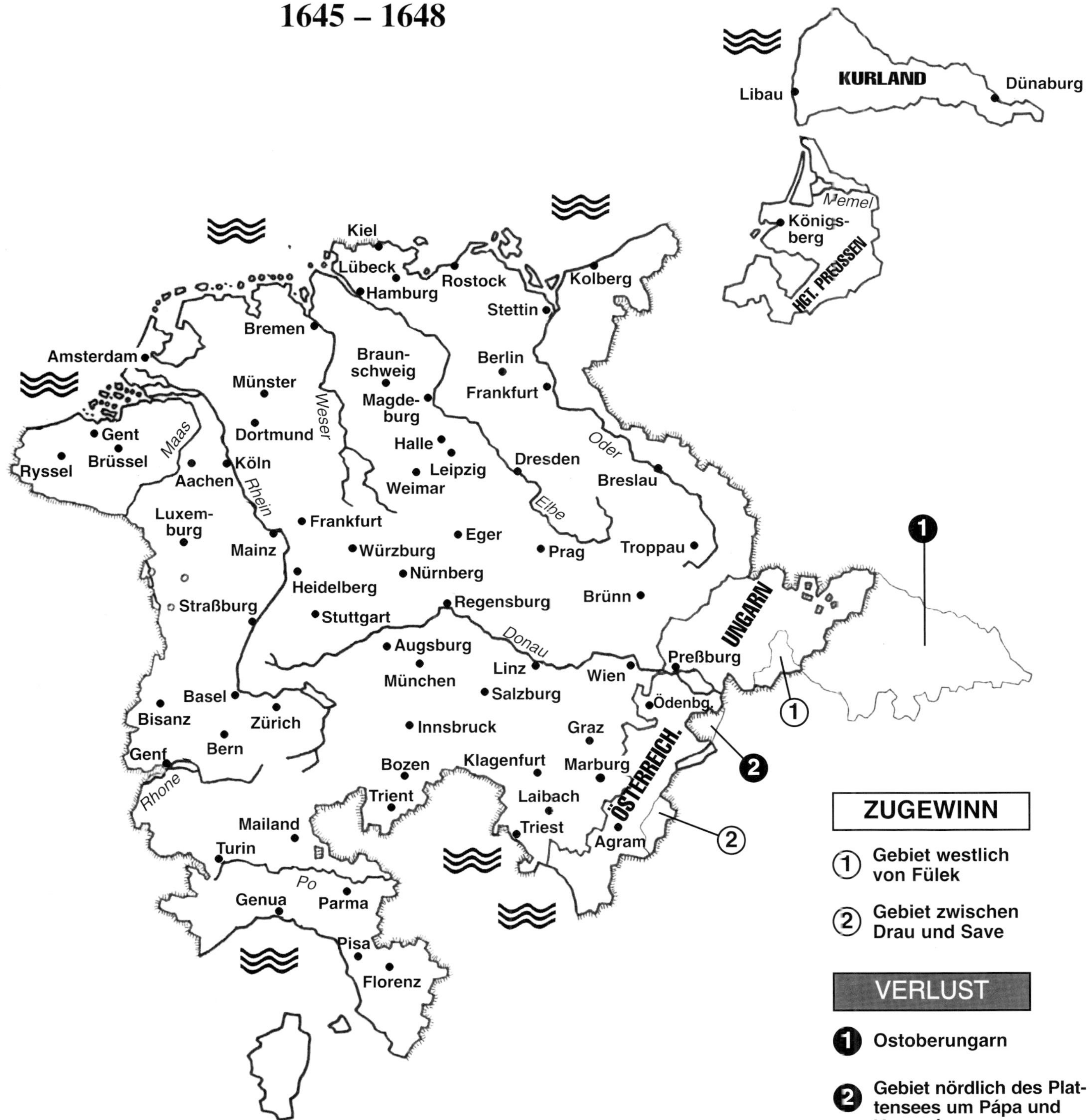

***1645** gehen das Gebiet nördlich des Plattensees und Ostoberungarn an die Türken verloren; das Gebiet westlich von Fülek und die Gegend zwischen Drau und Save kann den Osmanen entrissen werden. 1647 kommen Eisenstadt und Güns aus dem unmittelbaren deutschen Reichsgefüge zum habsburgisch regierten Ungarn.*

Heiliges Römisches Reich Deutscher Nation

1648 – 1657

*Durch den Westfälischen Frieden **1648** werden die Niederlande und die Schweiz unabhängig und verliert das Reich sei nominelle Herrschaft in Italien. An Frankreich kommen: Metz, Tull, Wirten mit den dazugehörigen Bistümern, die elsäs sche Landvogtei und die Landgrafschaft im Elsaß (Frankreich erwirbt die unter Verlustpunkt 8 genannten Städte als de schen Reichsstand; das Gebiet östlich Salm geht ganz an Frankreich verloren). Breisach und der Sundgau werden v Habsburg an Frankreich abgetreten; die Stadt Colmar fällt an die Schweiz. Venedig erwirbt Gebiete am Isonzo, währe Gradisca Österreich zufällt. An Schweden geht verloren: Bistum Bremen mit der Elbmündung, Wismar, Vorpommern r der Odermündung. Brandenburg-Preußen erwirbt im Rahmen des Reiches Hinterpommern. Eine kaiserlic Zentralmacht besteht jetzt kaum noch. Deutschlands Geschicke werden künftig wesentlich von Brandenburg-Preuß und Österreich als Teilstaaten des lockeren Reichsverbandes bestimmt.*

Heiliges Römisches Reich Deutscher Nation

1657 – 1658

*Brandenburg-Preußen, regiert seit 1640 von Friedrich Wilhelm, dem Großen Kurfürsten, erreicht **1657** die Rückgabe von Lauenburg-Bütow durch Polen. Kaiser und Herrscher in Österreich ist ab 1658 Leopold I.*

Leopold I. Gleichzeitige Darstellung.

Friedrich Wilhelm der Große Kurfürst. Zeitgenössisches Gemälde.

*England nimmt sich **1658** c*
Hafenstadt Dünkirchen vc
Reich, während sich Frar
reich durch Einverleibu
der Exklaven von Damville
weiter in Lothringen ausbr
tet.

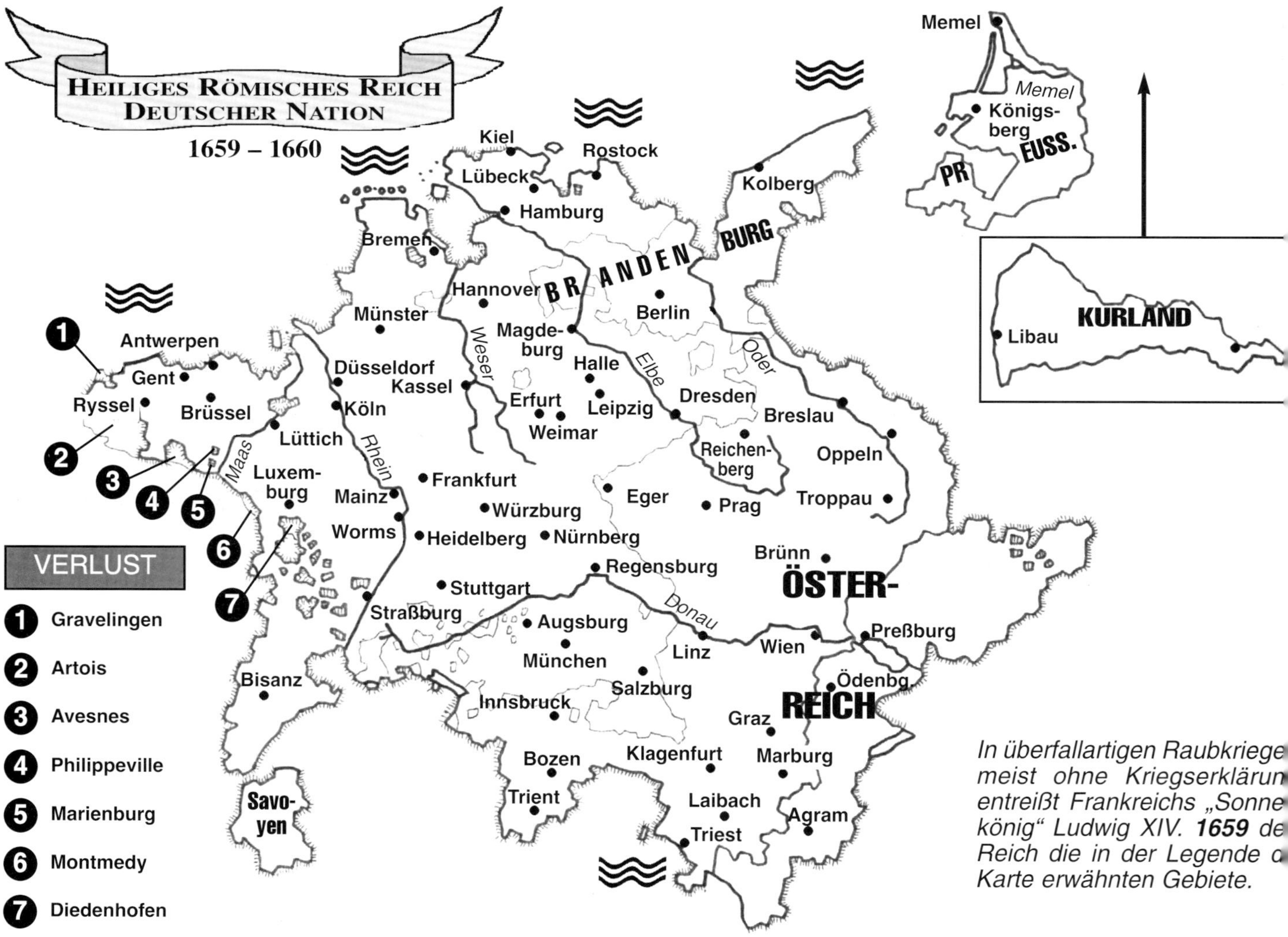

In überfallartigen Raubkriege
meist ohne Kriegserklärun
entreißt Frankreichs „Sonne
*könig" Ludwig XIV. **1659** de*
Reich die in der Legende d
Karte erwähnten Gebiete.

*Im Frieden von Oliva nach dem Schwedisch-Polnischen Krieg erreicht der brandenburgische Große Kurfürst **1660** die volle Souveränität über (Ost-) Preußen. Es ist die eigentliche „Geburtsstunde" Brandenburg-Preußens.*

*Frankreich annektiert **1661** jene Gebiete in Lothringen, welche die bereits dem Reich entwundenen Territorien miteinander verbinden.*

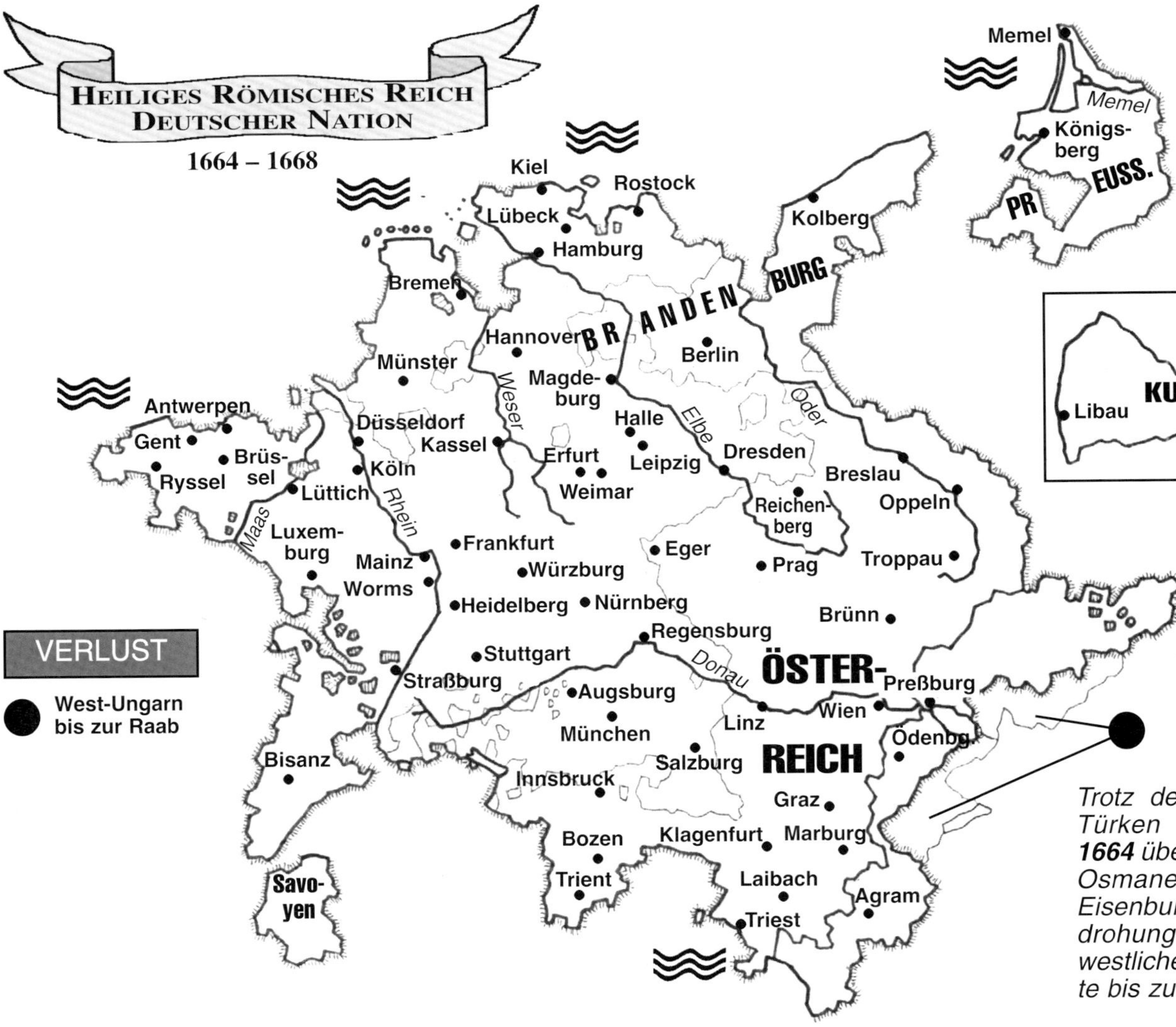

Trotz des Sieges über d
Türken bei St. Gottha
***1664** überläßt das Reich d*
Osmanen im Frieden
Eisenburg wegen der B
drohung durch Frankre
westliche ungarische Geb
te bis zur Raab.

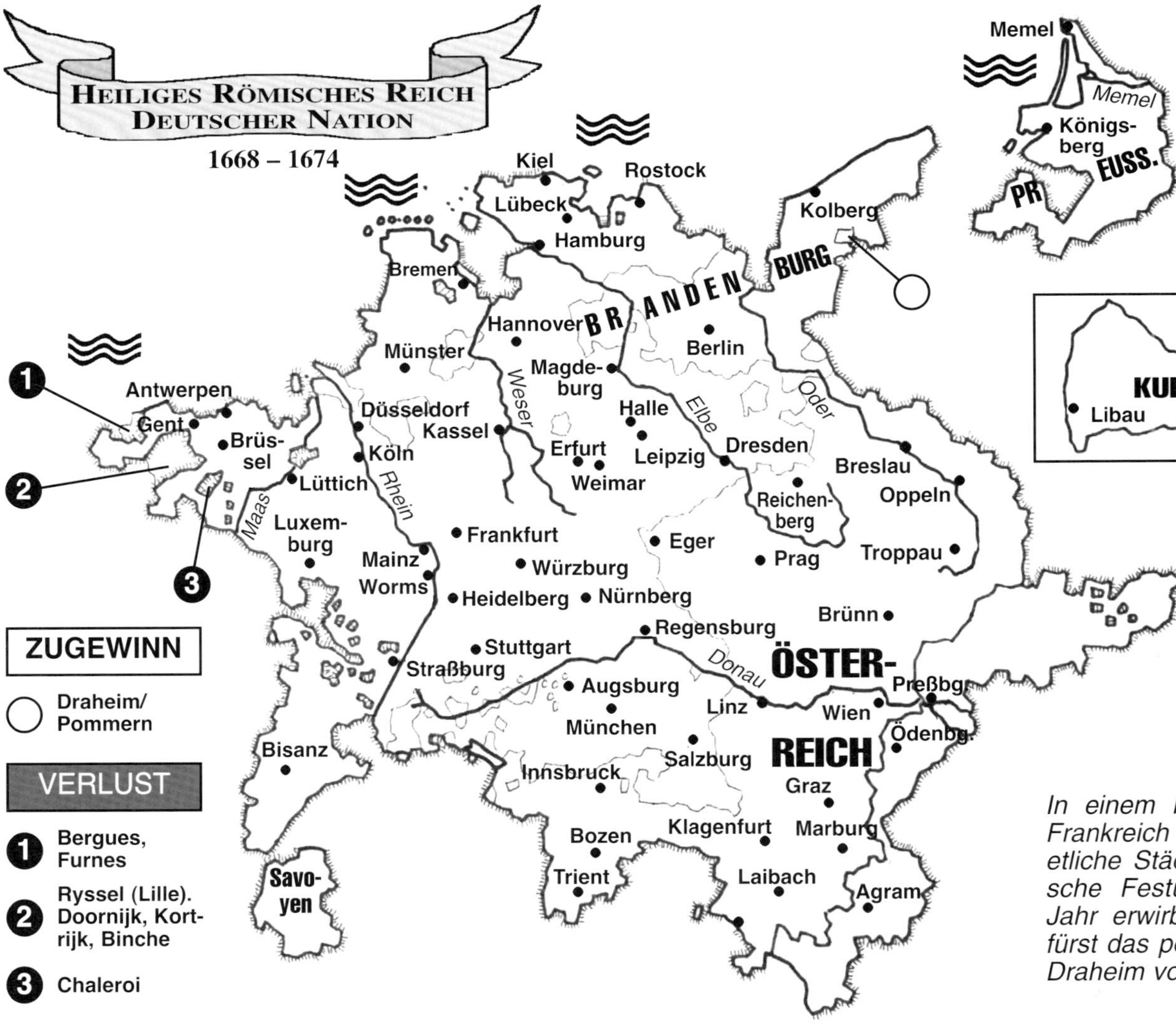

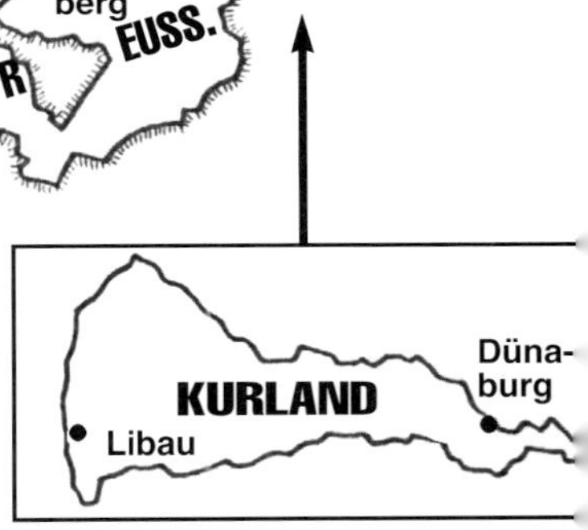

In einem Raubkrieg entrei
*Frankreich dem Reich **16***
etliche Städte und 12 fland
sche Festungen. Im selbe
Jahr erwirbt der Große Ku
fürst das pommersche Gebi
Draheim von Polen.

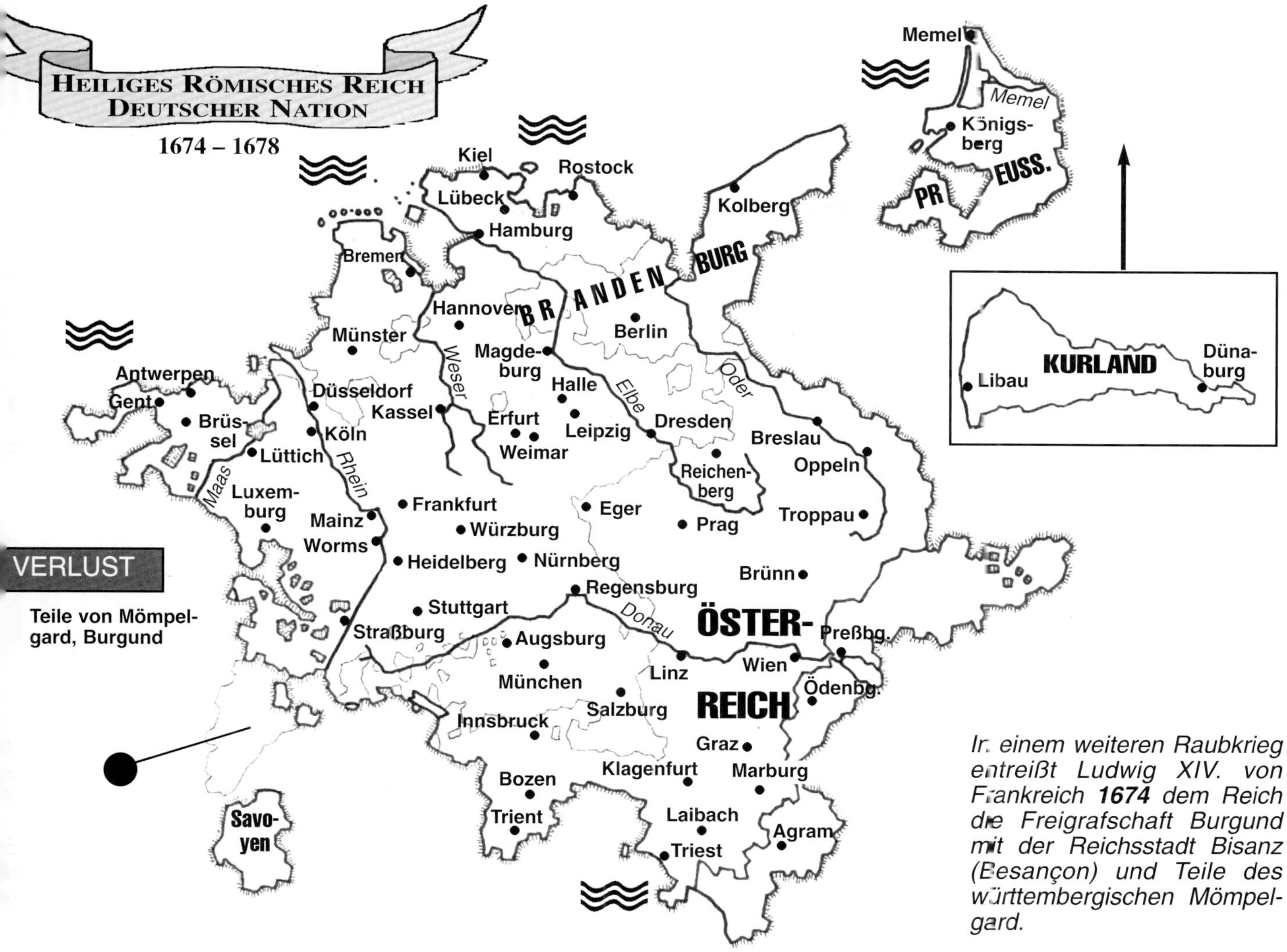

VERLUST

Teile von Mömpel-gard, Burgund

In einem weiteren Raubkrieg entreißt Ludwig XIV. von Frankreich ***1674*** *dem Reich die Freigrafschaft Burgund mit der Reichsstadt Bisanz (Besançon) und Teile des württembergischen Mömpelgard.*

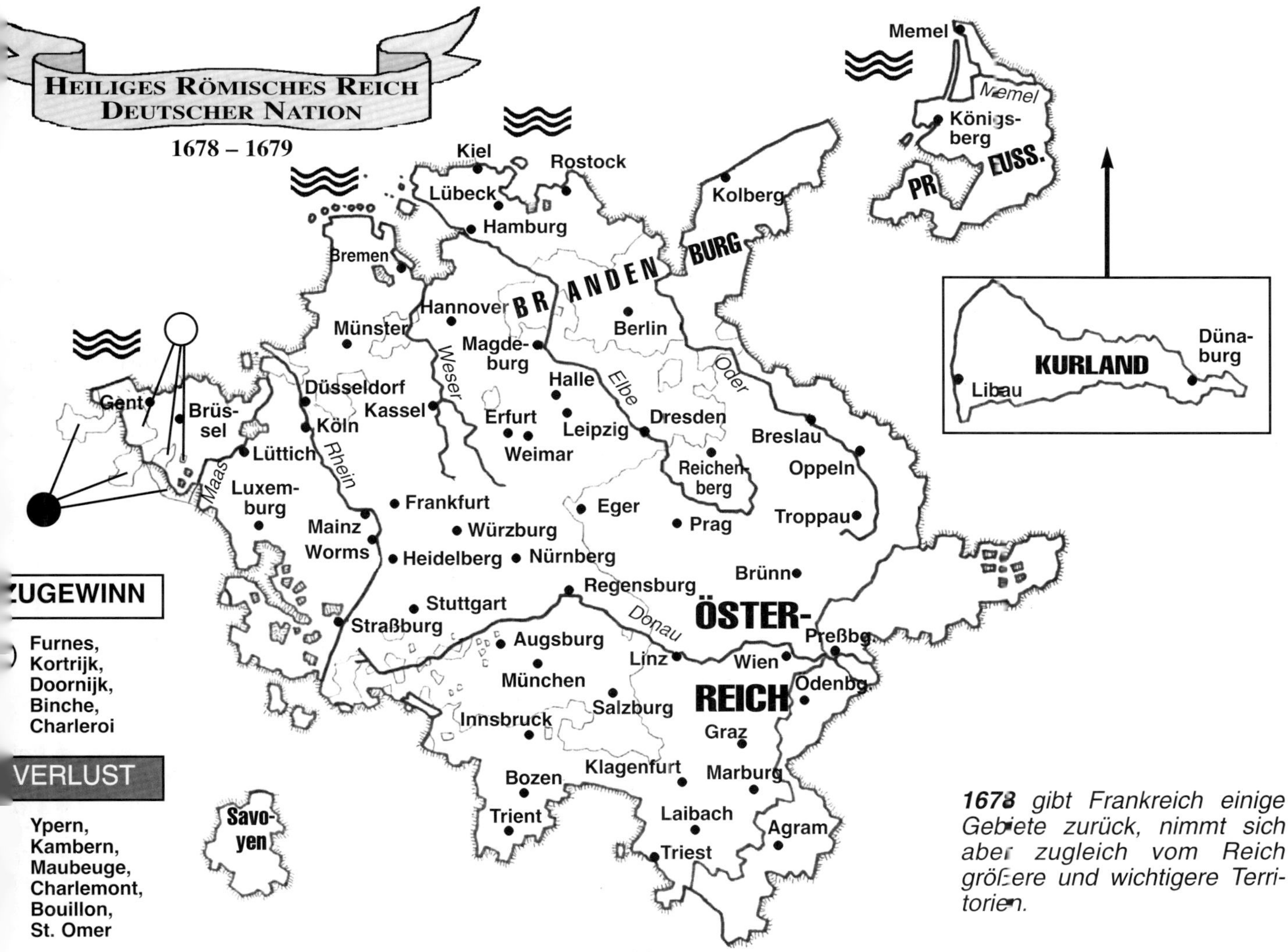

ZUGEWINN

Furnes, Kortrijk, Doornijk, Binche, Charleroi

VERLUST

Ypern, Kambern, Maubeuge, Charlemont, Bouillon, St. Omer

1678 *gibt Frankreich einige Gebiete zurück, nimmt sich aber zugleich vom Reich größere und wichtigere Territorien.*

1679 entreißt der Franz
senkönig dem Reich Longw
Der Große Kurfürst, der 16
die Schweden bei Fehrbe
geschlagen hat, darf – a
Druck Frankreichs – vom z
rückeroberten Vorpomme
nur ein Gebiet am recht
Ufer der Odermündung b
halten.

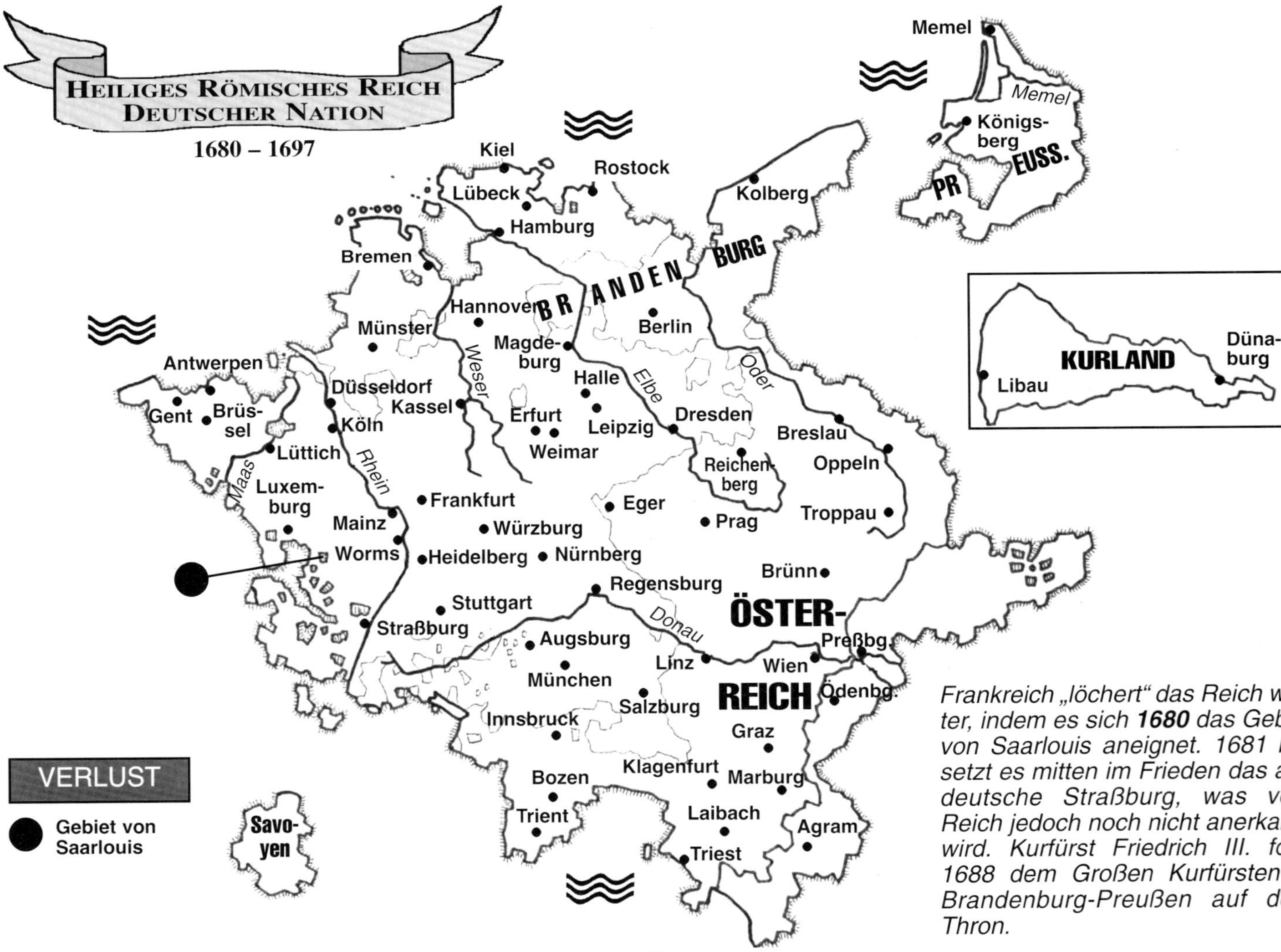

Frankreich „löchert" das Reich w
ter, indem es sich **1680** das Geb
von Saarlouis aneignet. 1681
setzt es mitten im Frieden das a
deutsche Straßburg, was v
Reich jedoch noch nicht anerka
wird. Kurfürst Friedrich III. fo
1688 dem Großen Kurfürsten
Brandenburg-Preußen auf d
Thron.

Heiliges Römisches Reich Deutscher Nation

1697 – 1699

1683 kann die Kaiserstadt Wien erfolgreich gegen den Ansturm der Türken verteidigt werden. Frankreich nutzt die Bedrohung des Reiches im Osten zu einem neuen Raubkrieg. Im Frieden von Rijswijk annektiert es ***1697*** *das deutsche Elsaß (Straßburg ist bereits seit 1681 französisch besetzt) und Landau.*

Heiliges Römisches Reich Deutscher Nation

1699 – 1708

*Nach wechselndem Kriegsverlauf schlägt der kaiserliche Feldherr Prinz Eugen die Türken 1697 bei Zenta vernichtend. Im Frieden von Karlowitz müssen die Türken **1699** ganz Ungarn (ohne Banat) und Siebenbürgen an Österreich abtreten. Der Herrscher der nunmehrigen europäischen Großmacht Österreich (bis 1705 Leopold I., ihm folgend Josef I.) ist weiterhin zugleich Kaiser des Deutschen Reiches. Am 18. Januar 1701 krönt sich Brandenburgs Kurfürst Friedrich III. in Königsberg zum König Friedrich I. in Preußen. Am Isonzo wird zu jener Zeit die Grenze von 1618 wiederhergestellt.*

Heiliges Römisches Reich Deutscher Nation

1708 – 1713

n Verlauf des Spanischen Erbfolgekrieges kann Kaiser Josef I. ***1708*** *das Herzogtum Mantua in Oberitalien für Österreich ewinnen. Nach seinem Tode 1711 folgt ihm Kaiser Karl VI. auf dem Thron des Heiligen Reiches. Nachfolger Friedrichs I. Preußen wird 1713 König Friedrich Wilhelm I., der Soldatenkönig, Vater Friedrichs des Großen.*

Heiliges Römisches Reich Deutscher Nation

1713 – 1714

Karl VI. Zeitgenössisches Gemälde.

*Noch während des Spanischen Erbfolgekrieges, in welchem der Kaiser mit England gegen Frankreich verbündet ist, kommt durch Vermittlung Londons **1713** das Gebiet von Ypern in Flandern ans Reich zurück.*

Heiliges Römisches Reich Deutscher Nation

1714 – 1718

*In Frieden mit Frankreich von **1714** gibt das Reich die letzten Exklaven in den Niederlanden ab. Kaiser Karl VI. aber rwirbt für Österreich das Herzogtum Mailand, die Insel Sardinien und Süditalien (Königreich Neapel).*

Heiliges Römisches Reich Deutscher Nation

1718 – 1719

*Durch seine Vereinigung mit Piemont scheidet Savoyen faktisch aus dem Reich aus, obwohl es formell reichszugehörig bleibt. Der deutsche Kaiser Karl VI. erwirbt **1718** nach einem weiteren Türkenkrieg das Banat, Serbien, die Klein-Walachei und Nord-Bosnien für Österreich.*

„So hat des Adlers Klauen gefühlt der Türck mit Grauen.“ Zeitgenössische Allegorie auf die siegreichen Türkenkriege Kaiser Karls VI.: Der deutsche Adler bezwingt den osmanischen Hund.

Heiliges Römisches Reich Deutscher Nation

1719 – 1720

Im Nordischen Krieg, der ab 1700 tobt, wird der Schwedenkönig Karl XII. vom russischen Herrscher Peter dem Große bei Poltawa vernichtend geschlagen. ***1719*** *kommt es zum Frieden von Stockholm. Schweden gibt die Gebiete de Herzogtums Bremen-Verden gegen eine Million Taler ans Reich zurück. Die Mündungen von Weser und Elbe sind dam wieder deutsch.*

Heiliges Römisches Reich Deutscher Nation

1720 – 1735

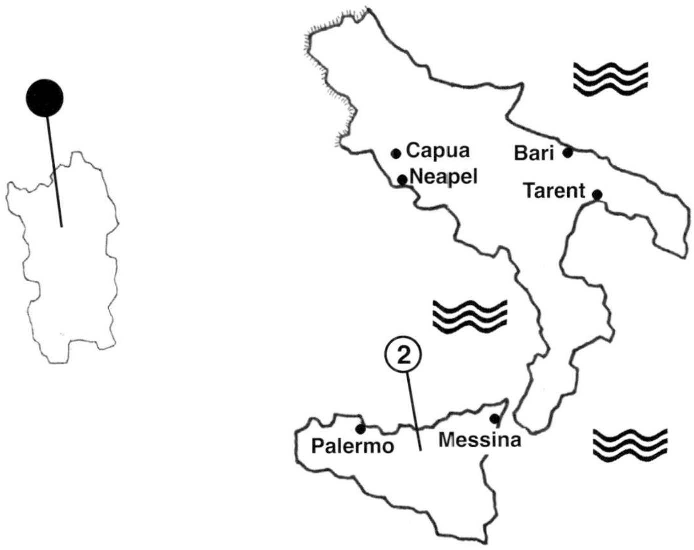

*Preußen erwirbt **1720** im Frieden mit Schweden Vorpommern bis zur Peene und die Inseln Usedom und Wollin. Kaiser Karl VI. nimmt einen Gebietstausch vor: Für die Insel Sizilien gibt er Sardinien an Piemont.*

Heiliges Römisches Reich Deutscher Nation

1735 – 1737

Infolge des Polnischen Thronfolgekrieges behält Sachsen die polnische Krone; Lothringen aber kommt ***1735*** *an den Polen Stanislaus Lesczynski; nach dessen Tod fällt das Land an Frankreich. Österreich tritt den westlichen Teil von Mailand an Piemont-Sardinien ab, erhält dafür das Herzogtum Parma. Süditalien mit Sizilien fällt an Spanien.*

ZUGEWINN

○ Parma

VERLUST

1 Lothringen

2 Teile von Mailand

3 Neapel/Sizilien

Heiliges Römisches Reich Deutscher Nation

1737 – 1739

*Zwei Jahre nach der Friedensregelung in Italien erhält **1737** Kaiser Karl VI. für Österreich die Herrschaft über die Toskana mit Florenz.*

Heiliges Römisches Reich Deutscher Nation

1739 – 1748

VERLUST

● Serbien / Kleine Walachei und Nord-Bosnien

Friedrich Wilhelm I., König in Preußen, auf einer Münze seiner Zeit.

Nach einem verlorenen Türkenkrieg muß Kaiser Karl VI. ***1739*** *Serbien, Nord-Bosnien und die Kleine Walachei an die Osmanen abtreten. Sein Nachfolger als Kaiser ist von 1742 bis 1745 Karl VII., ab 1745 Franz I. In Österreich regiert ab 1740 Maria Theresia, in Preußen Friedrich der Große in der Nachfolge seines Vaters Friedrichs Wilhelms I.*

aiser Karl VI. wollte durch die „Pragmatische Sanktion“ die weibliche Erbfolge in Österreich zugunsten seiner Tochter laria Theresia durchsetzen. Den dadurch veranlaßten Erbfolgekrieg gewinnt Maria Theresia, doch muß Österreich **748** das Herzogtum Parma an die Bourbonen abtreten. Preußens König Friedrich II. der Große gewinnt bzw. behaupt in drei Kriegen den Großteil des bis dahin österreichischen Schlesiens. Mit dem Sieg im dritten Waffengang, dem iebenjährigen Krieg 1756 bis 1763, hat Friedrich der Große Preußen neben Österreich endgültig als zweite deutsche roßmacht in Europa etabliert. Kaiser im Reich ist ab 1765 in der Nachfolge Franz' I. Maria Theresias Sohn Josef II.*

Heiliges Römisches Reich Deutscher Nation

1765 – 1772

VERLUST

● Toskana

*In der Toskana wird Leopold, Bruder Kaiser Josefs II., **1765** Großherzog. Das Land bleibt zwar habsburgisch, wird aber staatsrechtlich von Österreich getrennt.*

Josef II. Büste von Franz Xaver Messerschm

Heiliges Römisches Reich Deutscher Nation

1772 – 1775

Als die russische Herrscherin Katharina die Große das von inneren Wirren zerrüttete Polen annektieren will, schalten sich Österreich und Preußen ein. Es kommt ***1772*** *zur „Ersten Polnischen Teilung". Preußen erhält Westpreußen und das Ermland mit Allenstein in Ostpreußen (alles deutschbesiedelte Gebiete) von Polen zurück. Von nun an nennt sich der preußische Hohenzollern-Herrscher nicht mehr König in Preußen, sondern König von Preußen. Österreich verleibt sich unter Maria Theresia Galizien ein. Auch das Gebiet der Zips, deutsche Volkstumsinsel im Slowakischen, das 1412 an Polen verpfändet worden war, kommt an Habsburg zurück.*

Maria Theresia. Nach einem Gemälde von Martijn van Mijtens.

Heiliges Römisches Reich Deutscher Nation

1775 – 1793

1775 müssen die Türken das Buchenland (Bukowina) an Österreich abtreten. Deutsche Siedler strömen in das kriegsentvölkerte Gebiet und lassen es kulturell und wirtschaftlich erblühen. 1780 stirbt Maria Theresia, 1786 Friedrich der Große (dessen Nachfolger Friedrich Wilhelm II. wird) und 1790 Kaiser Josef II. Ihm folgt Leopold II. (bis 1792), dann Franz II., der letzte Kaiser des ersten Reiches der Deutschen.

Friedrich der Große. Büste von Gottfried von Schadow.

Heiliges Römisches Reich Deutscher Nation

1793 – 1795

ZUGEWINN

(1) Danzig

(2) Südpreußen

__1793__ kommt es zu einer weiteren Einigung Rußlands mit Preußen über das polnische Machtgebiet. Rußland erhält Litauen, Podolien und Wolhynien; an Preußen fallen die alten deutschen Hansestädte Danzig und Thorn sowie die Bezirke Posen und Kalisch („Südpreußen“).

Als Franz II. letzter Kaiser des Heiligen Reiches, als Franz I. erster Kaiser Österreichs. Zeitgenössischer Stich.

HEILIGES RÖMISCHES REICH DEUTSCHER NATION

1795 – 1797

*In der letzten der sogenannten Polnischen Teilungen erwirbt Preußen **1795** Neu-Schlesien, das Gebiet von Warschau und Bialystok („Neu-Ostpreußen"); an Österreich fällt West-Galizien. Rußland nimmt sich „Restpolen" mit dem unter polnischer Lehnshoheit stehenden, bis 1737 vom deutschen Geschlecht der Ketteler regierten Herzogtum Kurland, einst Teil des Deutschordensstaates. Das revolutionäre Frankreich erobert im Kampf gegen Österreich das Gebiet des nachmaligen Belgiens, besetzt das linke Rheinufer und verleibt sich die letzten deutschen Exklaven im Elsaß und in Lothringen ein. In Preußen besteigt 1797 Friedrich Wilhelm III. den Thron.*

ZUGEWINN

1. Neu-Ostpreußen
2. Neu-Schlesien
3. Westgalizien

VERLUST

1. Restliches Flandern/ Wallonien
2. Linkes Rheinufer
3. Exklaven im Elsaß und in Lothringen (Saarwerden, Grafschaft Salm, Mömpelgard, Jura)
4. Kurland

Heiliges Römisches Reich Deutscher Nation

1797 – 1802

Reichsadler Anfang 19. Jahrhundert

Der Erste Koalitionskrieg wird von Napoleon Bonaparte in Oberitalien entschieden; er besiegt die Österreicher in mehreren Schlachten und zwingt sie zum Frieden von Campoformio ***1797****: Habsburg verzichtet endgültig auf das Gebiet des späteren Belgiens und auf Mailand-Mantua, erhält dafür das Staatsgebiet der Republik Venedig einschließlich Dalmatiens.*

ZUGEWINN	VERLUST
○ Venetien	● Mailand-Mantua

Heiliges Römisches Reich Deutscher Nation

1802 – 1803

*Frankreich hat inzwischen die Schweiz zu einer Paris unterworfenen „Helvetischen Republik" gemacht, die sich mit französischer Hilfe **1802** südlich des Rheins das Gebiet von Laufenburg einverleibt. Den Zweiten Koalitionskrieg von 1799 bis 1801 hat wiederum Napoleon siegreich entschieden; er bezwang die verbündeten Österreicher und Russen. 1801 wird der Friede zu Lunéville geschlossen. Im „Reichsdeputationshauptschluß" von 1803 muß das Deutsche Reich auf sein linkes Rheinufer offiziell verzichten.*

VERLUST

● **Laufenburg (südlich des Rheins)**

Heiliges Römisches Reich Deutscher Nation

1803 – 1805

1803 *muß Schweden dem Reich das Gebiet der alten deutschen Hansestadt Wismar zurückgeben, welches es seit 1648 besitzt. Damit bleibt nur noch das nördliche Vorpommern mit der Insel Rügen im schwedischen Machtbereich.*

Heiliges Römisches Reich Deutscher Nation

1805 – 1806

*Österreicher und Russen unterliegen im Dritten Koalitionskrieg Napoleon (Schlacht von Austerlitz, **1805**). Österreich muß Venetien mit Dalmatien an das von Napoleon geschaffene und abhängige Königreich Italien abtreten (und Vorderösterreich, Vorarlberg und Tirol an Baden, Württemberg bzw. an Bayern).*

DEUTSCHLAND

1806 – 1807

Unter dem Druck des Vordringens Napoleons legt Franz II. am 6. August ***1806*** *die Krone des Reiches nieder, das damit nach fast eintausend Jahren Bestand erloschen ist. Napoleon ruft den „Rheinbund" als französisches Protektorat ins Leben. Holstein kommt mit Helgoland nun direkt an Dänemark.*

DEUTSCHLAND

1807 – 1809

VERLUST

1. Ostfriesland
2. Erfurt
3. Gebiet um Kaub
4. Bialystok
5. Preußisch-Polen

*1806 unterliegt Preußen Napoleon in der Doppelschlacht von Jena und Auerstedt. Im Frieden von Tilsit (**1807**) muß Preußen auf alles Land links der Elbe verzichten. Aus Süd- und Neu-Ostpreußen formt Napoleon das Großherzogtum Warschau; Bialystok kommt an Rußland; Ostfriesland wird holländisch, die Gebiete um Kaub am Rhein bzw. Erfurt werden französisch. Auch Bayreuth erhält eine französische Militärverwaltung. Die deutschen Staaten außer Preußen und Österreich treten dem Rheinbund bei.*

DEUTSCHLAND

1809 – 1810

VERLUST

1. Südliches Tirol einschließlich Bozen
2. Illyrische Provinzen
3. Westgalizien
4. Kreis Tarnopol

Als letzter voll souveräner deutscher Staat erklärt Österreich 1809 Napoleon den Krieg. Erzherzog Karl siegt bei Aspern, Napoleon bei Wagram. Österreich muß im Frieden von Wien am 14. Oktober ***1809*** *an Bayern das Innviertel und Salzburg abtreten, an Frankreich Istrien, Triest, Fiume, Krain, den Villacher Kreis, an das Großherzogtum Warschau Westgalizien und an Rußland den Kreis Tarnopol. Das südliche Tirol einschließlich Bozen fällt an das Königreich Italien, Osttirol an Frankreich.*

DEUTSCHLAND
1810 – 1814

__1810__ verleibt Napoleon ganz Nordwestdeutschland seinem Reich ein.

DEUTSCHLAND
1814 – 1815

Nach dem Sieg der Deutschen und ihrer Verbündeten in den Befreiungskriegen muß Frankreich __1814__ alle seit 1792 annektierten Gebiete (mit Ausnahme von Saarlouis und Landau) wieder hergeben. Schweden räumt Vorpommern mit Rügen, das zu Preußen kommt.

reiwilligenverbände wie die Lützower Jäger (Darstellung ganz oben) bildeten die Speerspitze im deutschen reiheitskampf gegen die napoleonische Fremdherrschaft. Das Völkerschlachtdenkmal zu Leipzig erinnert an den von eutschen und Russen 1813 gemeinsam erfochtenen Entscheidungssieg über Napoleon auf deutschem Boden.

DEUTSCHER BUND

1815 – 1818

ZUGEWINN

1. Saarlouis / Landau
2. Südliches Tirol / Trient
3. Mailand-Venetien
4. Illyrische Provinzen
5. Tarnopol
6. Posen
7. Kulmerland

*Deutschland, 1814 kommissarisch vom Reichsfreiherrn vom Stein verwaltet, wird nach endgültigem Sieg über Napoleon **1815** auf dem Wiener Kongreß neu geordnet. Unter Vorsitz Österreichs entsteht der Deutsche Bund, ein lockerer Verband 41 deutscher Staaten in den Grenzen des 1806 erloschenen ersten Reiches. Österreich erhält im Osten Tarnopol zurück und im Süden wieder das südliche Tirol einschließlich Trient, Mailand-Venetien und die Illyrischen Provinzen. An Preußen kommen im Osten Posen und der Netzedistrikt. Frankreich muß Saarlouis / Landau wieder räumen und wird insgesamt von den Siegern äußerst großzügig behandelt.*

Reichsfreiherr vom Stein. Zeichnung von Schnorr von Carolsfeld.

Deutscher Bund

1818 – 1839

1818 *untersteilt Habsburg das ostoberschlesische Gebiet um Zator dem Deutschen Bund. In Österreich regiert ab 1835 als Nachfolger Franz' I. Kaiser Ferdinand I. Er ist zugleich deutscher Bundespräsident.*

ZUGEWINN

Zator (Ostoberschlesien) zum Deutschen Bund

Deutscher Bund

1839 – 1846

1839 *wird der wallonische Teil Luxemburgs dem neun Jahre zuvor entstandenen Belgien angeschlossen und unterstellen die Niederlande die Provinz Limburg mit Maastricht dem Deutschen Bund. Ab 1840 regiert in Preußen König Friedrich Wilhelm IV.*

ZUGEWINN

Limburg

VERLUST

Westluxemburg

DEUTSCHER BUND

1846 – 1848

Wegen polnischer Unruhen annektiert Österreich ***1846*** *auf Betreiben seines Staatskanzlers Metternich Krakau. Als Kaiser Österreichs und zugleich Präsident des Deutschen Bundes folgt Franz Josef I. 1848 Ferdinand I.*

Erzherzog Johann von Österreich, 1848 von der Deutschen Nationalversammlung der Paulskirche zum vorläufigen Staatsoberhaupt (Reichsverweser) gewählt. Zeitgenössische Zeichnung.

Zeitgenössische Darstellungen der ersten Deutschen Nationalversammlung in der Paulskirche zu Frankfurt am Main 1848/49.

Die Zeichnung rechts zeigt auf dem Podest den Präsidenten der Nationalversammlung, Reichsfreiherr Heinrich von Gagern, und am Rednerpult Robert Blum - zwei führende Repräsentanten der Paulskirche,deren Leitsterne die deutsche Einheit und die Grundrechte des deutschen Volkes waren.

DEUTSCHER BUND

1848 – 1851

Im Zuge der nationalrevolu- tionären Ereignisse von ***184*** *werden die de jure außerhal des Bundesgebietes gelege nen preußischen Provinze im Osten dem Deutsche Bund eingefügt.*

ZUGEWINN

○ **Ostpreußen, Westpreußen, Posen (zum Deutschen Bund)**

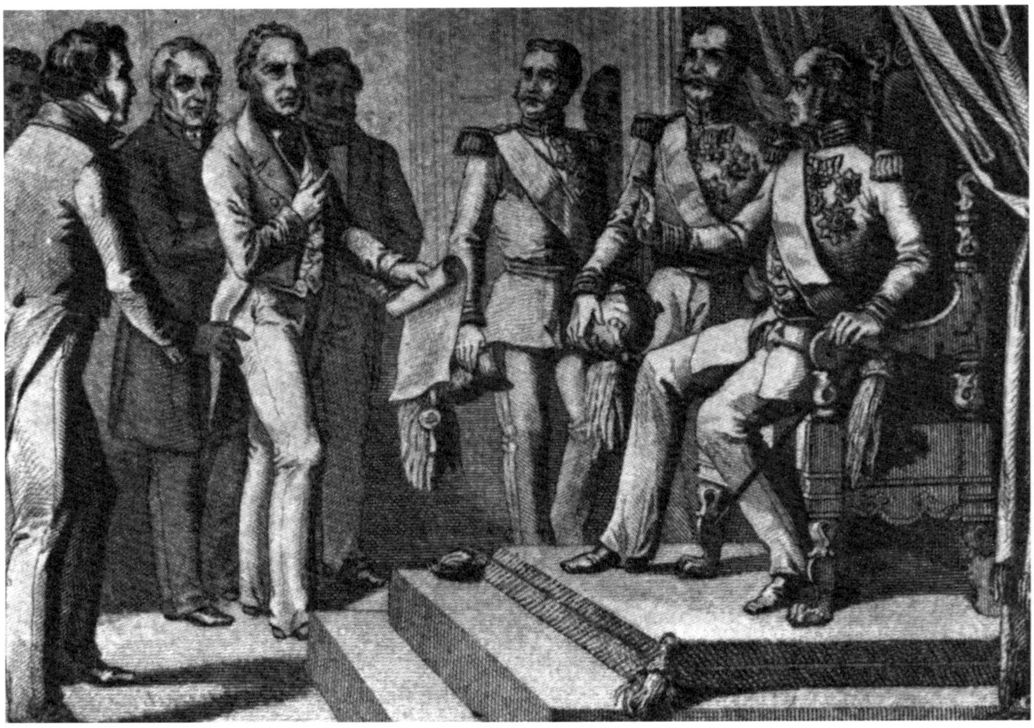

Am 3. April 1849 ersucht die Kaiserdeputation der Nationalversammlung Preußens König Friedrich Wilhelm IV. vergebens, die Wahl zum Kaiser anzunehmen. Zeitgenössische Darstellung.

Das Germania-Gemälde von Friedrich August von Kaulbach (1914).

Über ein Jahrtausend lang trug das Reich der Deutschen die Hauptlast der Abwehr von Übergriffen Asiens auf das Abendland. Das Gemälde von Jakob van Schuppen zeigt Reichsfeldmarschall Prinz Eugen als Bezwinger der Türken.

Wilhelminisches Militär-Ehrenblatt, das an den deutschen Sieg über Frankreich 1870/71 und an die Reichsgründung vom 18. Januar 1871 erinnerte.

Die Karte zeigt das Deutschtum in Europa in der Zeit zwischen den Weltkriegen.

Wesentlich zu den folgenden Verhängnissen trug bei, daß die westlichen Sieger des Ersten Weltkrieges unter Androhung militärischer Gewalt den von Reichs- und Österreichdeutschen ersehnten Zusammenschluß der Republiken von Wien und Weimar zu einem demokratischen Großdeutschland verhindert hatten.
Links: Plakat zur Tiroler Volksabstimmung von 1921, die 99 Prozent für den Anschluß ans Deutsche Reich erbrachte.

DEUTSCHER BUND

1851 – 1859

VERLUST

Ostpreußen, Westpreußen, Posen (aus dem Deutschen Bund ausgeschieden)

Nach dem Sieg der Reaktion scheiden ***1851*** *Ost- und Westpreußen wie auch Posen wieder aus dem Deutschen Bund aus*

Franz Josef I., Kaiser von Österreich und Präsident des Deutschen Bundes. Gleichzeitiges Gemälde.

Deutscher Bund

1859 – 1864

VERLUST

● Lombardei-Mailand

1859 greifen Napoleon III. und der leitende Minister Sardiniens, Cavour, Österreich an. Die Österreicher werden bei Magenta und bei Solferino geschlagen. Im Frieden von Zürich am 10. November ***1859*** *muß Habsburg die Lombardei an Frankreich abtreten, welches das Gebiet an Sardinien weitergibt. In Preußen wird 1861 Wilhelm I., der spätere Deutsche Kaiser, König.*

Deutscher Bund

1864 – 1866

Wappenadler des Deutschen Bundes

Als der Dänenkönig den Sonderstatus Schleswigs beseitigen und das Land völlig seinem Staat einverleiben will, kommt es 1864 zum Krieg zwischen Dänemark und dem Deutschen Bund. Preußen und Österreich marschieren im Bundesauftrag ins dänische Machtgebiet ein. Kopenhagen muß im Frieden zu Wien ***1864*** *Schleswig Preußen und Holstein Österreich unterstellen.*

Norddeutscher Bund

1866 – 1871

Nach außen wegen des Streites um Schleswig-Holstein, tatsächlich aber zur Austragung der Frage, wer künftig Deutschland führen soll, Preußen oder Österreich, kommt es zum Deutschen Krieg von ***1866****. Der seit 1861 regierende preußische Ministerpräsident Otto von Bismarck geht die Frage mit überlegener Staatskunst an: Mit Rußland ist er verbündet; Napoleon III., der aus einem deutschen Bruderkrieg Vorteile für sich erhofft, bleibt neutral. Mit Italien aber schließt Bismarck ein Kriegsbündnis ab, so daß Österreich einem Zweifrontenkrieg gegenübersteht. Allerdings ist Österreich mit den süddeutschen Staaten, Sachsen, den beiden Hessen, Nassau und mit Hannover verbündet.*

Preußen siegt nicht nur über die deutschen Mittelstaaten, sondern das Feldherrngenie Moltke schlägt auch die Österreicher in der größten Schlacht des Jahrhunderts bei Königgrätz. Obwohl Österreich die Italiener zu Lande wie zu Wasser bezwingt, muß es am 23. 8. 1866 in den Frieden zu Prag einwilligen. Preußen geht aus dem Krieg entscheidend gestärkt hervor. Es verleibt sich Schleswig-Holstein, Hannover, Hessen-Homburg, Hessen-Kassel, Nassau, die Freie Stadt Frankfurt und einige bayerische Gebiete ein. Auf diese Weise sind die beiden Hälften Preußens miteinander verbunden. In weiser Mäßigung hat Bismarck auf jeden Gebietserwerb gegenüber Österreich verzichtet, um ein späteres Bündnis mit dem Kaiserstaat zu ermöglichen. Österreich verliert allerdings Venetien an Italien.

Die kleindeutsche Lösung von 1866 ist aber eine Niederlage für die gesamtdeutsche Idee. Denn Österreich, Luxemburg, Limburg und Liechtenstein scheiden nun aus dem deutschen Gesamtverband aus. Das Deutsche Reich wird zu einem „Kleindeutschland", dessen Einheit Bismarck nun zielstrebig ins Auge faßt. Nachdem in der ersten deutschen Teilung bereits 1648 die Schweizer und die Niederländer das Reich verlassen haben, die Flamen 1795 dem deutschen Staat verlorengingen, sind nun weitere wesentliche Teile des einstigen Reiches abgetrennt. Der Deutsche Bund ist seit 1866 ebenfalls aufgehoben; Bismarck schafft den Norddeutschen Bund, der mit süddeutschen Staaten Bündnisse schließt und dessen Verfassung ***1867*** *in Kraft tritt.*

erragende Geistesgrößen wie der Naturforscher Alexander von Humboldt (Gemälde von G.F. Weitsch; oben links) er der Tondichter Ludwig van Beethoven (Gemälde von K.L. Stieler; oben rechts) festigten den weltweiten Ruf der utschen als „Volk der Denker". Mit der neuen Reichsgründung trat Deutschland auch wieder als politische Macht in cheinung (Abbildung: Kaiserproklamation am 18. Januar 1871; nach Adolf von Menzel).

DEUTSCHES REICH

1871 – 1890

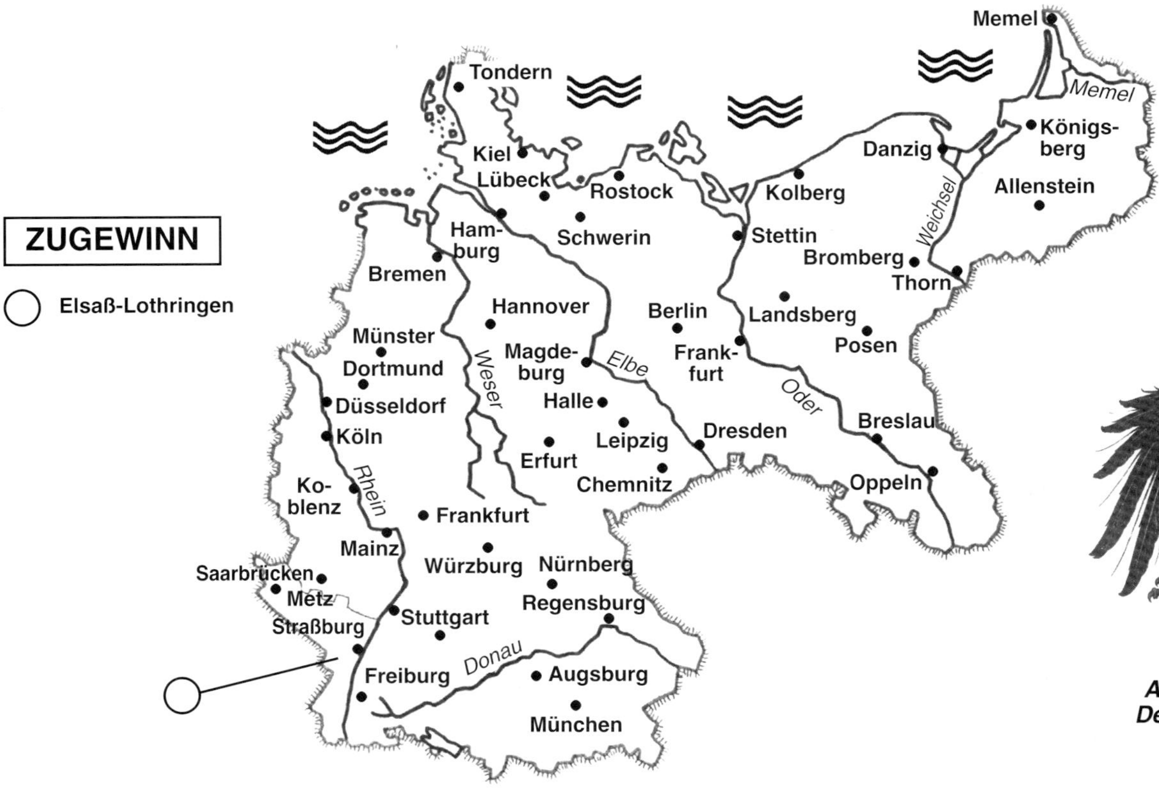

Adler des zweiten Deutschen Reiches

Das im Deutsch-Französischen Krieg 1870/71 bezwungene Frankreich tritt im Vorfrieden vom 26. Februar 1871, bestätigt im Frieden zu Frankfurt am Main am 10. Mai 1871, das Elsaß und den deutschen Teil von Lothringen an das am ***18. Januar 1871*** *mit der Kaiserproklamation zu Versailles gegründete Deutsche Reich ab. Das Reich erwirbt an Überseebesitzungen: Deutsch-Südwestafrika (1884), Togo (1884), Kamerun (1884), Kaiser-Wilhelm-Land (auf Neuguinea) und den Bismarck-Archipel (1884), Deutsch-Ostafrika und Witu (1885), im Pazifik die Marshall-Inseln (1885), Nauru (1886) und die Nord-Salomonen (1886); 1886 gibt es die Einflußgebiete im Somaliland auf. 1888 stirbt Wilhelm I., Deutscher Kaiser und König von Preußen; es folgt ihm auf den Thron, nachdem sein Sohn Friedrich III. nach nur 99 Tagen als Kaiser und König ablebt, sein Enkel Wilhelm II.*

Kaiser Wilhelm I. Zeichnung aus dem „Bildersaal deutscher Geschichte“

Otto von Bismarck. Zeichnung von Franz Stassen.

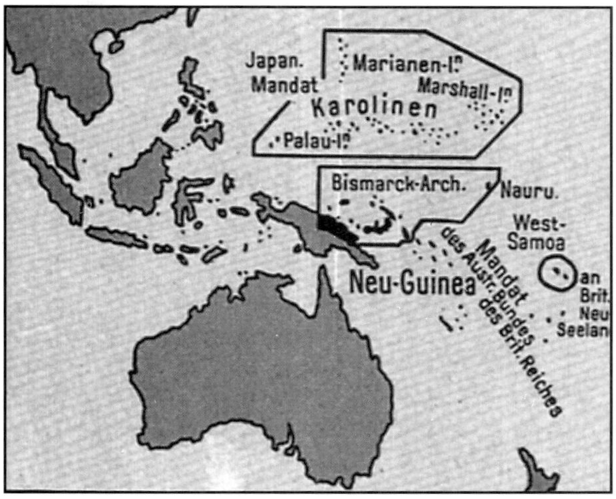

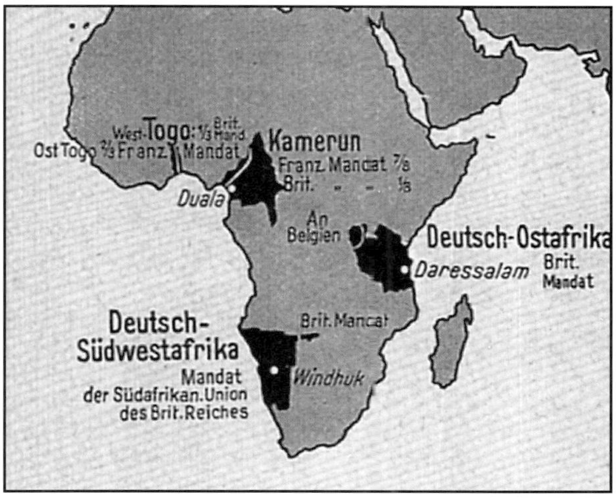

Die deutschen Schutzgebiete, friedlich erworben, wurden dem Deutschen Reich mit militärischer Gewalt von den Siegern des Ersten Weltkrieges entrissen. Oben die Wappen der deutschen Überseebesitzungen, darunter ihre Lage sowie ihr Schicksal nach 1918.

DEUTSCHES REICH

1890 – 1920

*Im „Helgoland-Sansibar-Vertag" von **1890** tritt das Deutsche Reich in Ostafrika die Sultanate Witu und Sansibar mit der Insel Pemba sowie alle Landstriche nördlich des Viktoriasees an England ab. Dafür erhält es die Insel Helgoland zurück, die sich die Engländer 1807 angeeignet hatten. Außerdem erhält das Deutsche Reich in Südwestafrika den sogenannten Caprivizipfel. 1898 wird Kiautschou in China deutsches Pachtgebiet. 1899 kommt es zum Erwerb der pazifischen Überseegebiete Marianen, Karolinen, Palauinseln und Deutsch-Samoa. 1911 wird das deutsche Schutzgebiet Kamerun in Afrika bis zum Ubangi und zum Kongo erweitert. Infolge des unglücklichen Ausgangs des Ersten Weltkrieges stürzt 1918 Kaiser Wilhelm II. Als Reichspräsident wird Friedrich Ebert 1919 Staatsoberhaupt.*

Kaiser Friedrich III.

Kaiser Wilhelm II.

Das deutsche Soldatentum des Ersten und Zweiten Weltkrieges nötigte und nötigt auch dem fair urteilenden einstigen Feind höchsten Respekt für Tapferkeit und Durchhaltekraft in den furchtbaren /ölkerringen ab. „Die letzte Handgranate" betitelte der Maler Elk Eber diese Darstellung des Landsers.

DEUTSCHES REICH

1920 – 1921

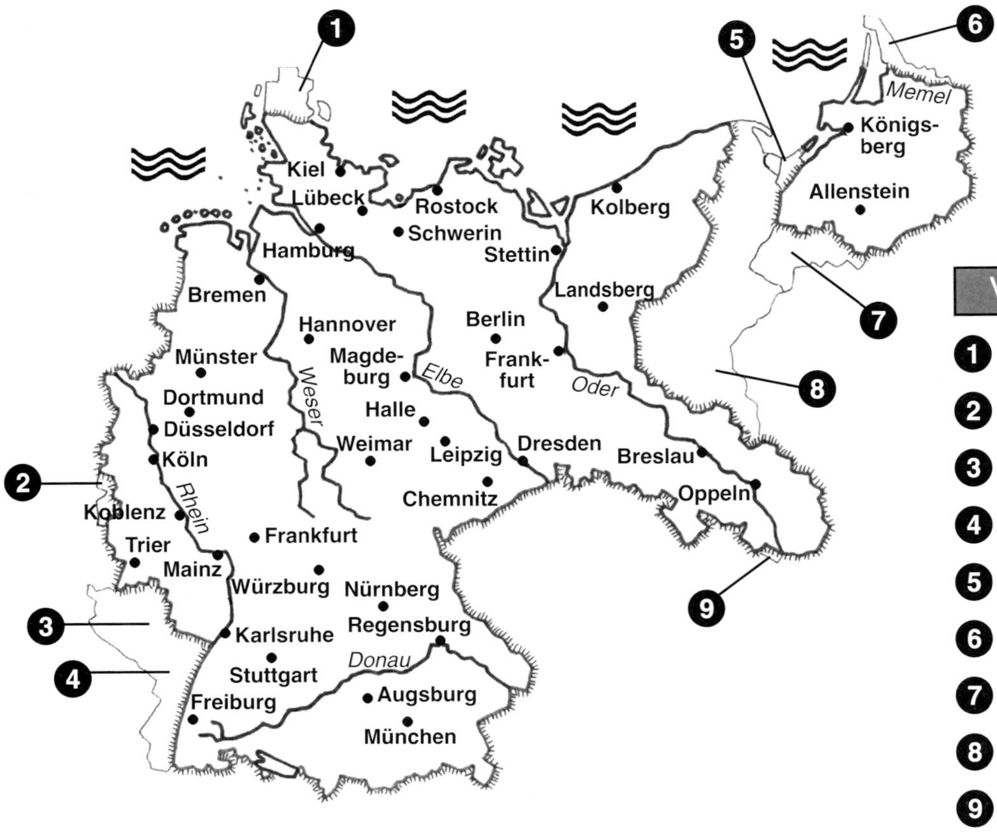

VERLUST

1. Nordschleswig
2. Eupen-Malmedy
3. Saargebiet
4. Elsaß-Lothringen
5. Danzig
6. Memelland
7. Westpreußen mit Soldau (Ostpreußen)
8. Posen
9. Hultschiner Ländchen

*Am 10. Januar **1920** tritt das Versailler Siegerdiktat in Kraft. Das Deutsche Reich muß an Frankreich abtreten: Elsaß-Lothringen, das Saargebiet (Volksabstimmung nach 15 Jahren vorgesehen), einen Teil Togos und Kameruns; an das britische Reich: einen Teil Togos, Teile Kameruns, Südwestafrika, fast ganz Deutsch-Ostafrika, Deutsch-Neuguinea, Nauru, Deutsch-Samoa; an Japan: Kiautschou (1922 an China), Karolinen, Marianen, Palau- und die Marshallinseln; an Belgien: Eupen-Malmedy (nach manipulierter Abstimmung), Ruanda und Urundi in Ostafrika; an die Tschechoslowakei: Hultschiner Ländchen; an den Völkerbund: Danzig als „Freie Stadt" (unter polnischem Einfluß) und das Memelland (1923 ohne Sanktionen von Litauen annektiert); an Polen: Kreis Soldau (Ostpreußen), fast ganz Westpreußen, fast ganz Posen, 512 Quadratkilometer Niederschlesien, 10 qkm Pommern, 0,05 qkm Brandenburg; an Dänemark: Nordschleswig (nach Volksabstimmung zugunsten Dänemarks bei ungerechter dänischer Majorisierung von Apenrade und Tondern, wo drei Viertel der Stimmen für Deutschland abgegeben worden waren). Durch Volksabstimmungen bleiben dem Reich erhalten: Südschleswig (14. März 1920: 80% für Deutschland), Masuren in Ostpreußen und Kreis Marienwerder in Westpreußen (11. Juli 1920: 97,8 bzw 92,3 Prozent deutsche Stimmen). Obwohl alle maßgeblichen politischen Kräfte des Deutschen Reiches und Österreichs für eine Vereinigung sind und Abstimmungen in Nordtirol und Salzburg 1921 rund 99 Prozent für den Anschluß ans Deutsche Reich ergeben, verhindern die westlichen Siegermächte unter Androhung von Waffengewalt den Zusammenschluß der Republiken von Wien und Weimar zu einem demokratischen Großdeutschland. Im Diktat von Saint-Germain wird das Habsburgerreich zerrissen und werden deutsche Gebiete Österreichs unter Fremdherrschaft gestellt (Südtirol und Kanaltal an Italien, südöstliches Kärnten und Untersteiermark an Jugoslawien, Sudetendeutschland und ein Landstreifen Niederösterreichs an die Tschechoslowakei).*

DEUTSCHES REICH

1921 – 1935

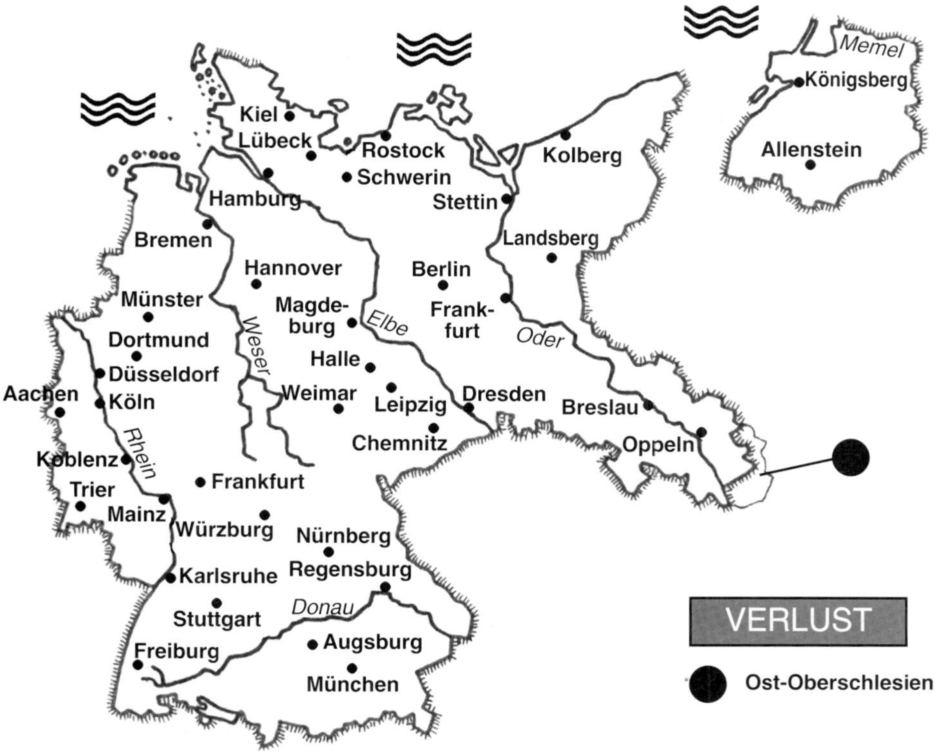

Reichsadler der Weimarer Republik

Dem Selbstbestimmungsrecht zuwider versucht Polen, sich Oberschlesien einzuverleiben, was durch deutsche Selbstschutzverbände vereitelt wird (Schlacht am Annaberg, 21. Mai 1921). Trotz der zu Deutschlands Gunsten verlaufenen Volksabstimmung im März des Jahres wird Oberschlesien von den westalliierten Siegern des Ersten Weltkrieges geteilt und werden die wirtschaftlich wertvollsten Gebiete des Landes am 20. Oktober ***1921*** *Polen zugeschlagen. Von 1923 bis 1925 hält Frankreich mit Waffengewalt das Ruhrgebiet besetzt. 1925 stirbt Reichspräsident Friedrich Ebert; als Interimspräsident bis zur Wahl des neuen Staatsoberhauptes Paul von Hindenburg noch im selben Jahr amtiert von März bis Mai 1925 der Präsident des Reichsgerichts und des Reichsstaatsgerichtshofes Walter Simons.*

Friedrich Ebert

Walter Simons

DEUTSCHES REICH

1935 – 1938

*15 Jahre nach Versailles findet **1935** die in den Friedensbestimmungen vorgesehene Volksabstimmung an der Saar statt: 90,8 Prozent entscheiden sich für die Wiedervereinigung mit dem Deutschen Reich. Die Rückkehr des Saargebietes wird im März 1935 vollzogen. Nach Ableben des Reichspräsidenten Paul von Hindenburg hatte Adolf Hitler 1934 sein Reichskanzleramt mit dem des Staatsoberhauptes verbunden; er trägt nun offiziell den Titel Führer und Reichskanzler.*

Von 1925 bis zu seinem Tode 1934 hatte Feldmarschall Paul von Hindenburg als Präsident an der Spitze des Reiches gestanden. Die Zeichnung von Franz Stassen zeigt ihn vor dem Tannenbergdenkmal in Ostpreußen.

GROSSDEUTSCHES REICH

1938 – 1939

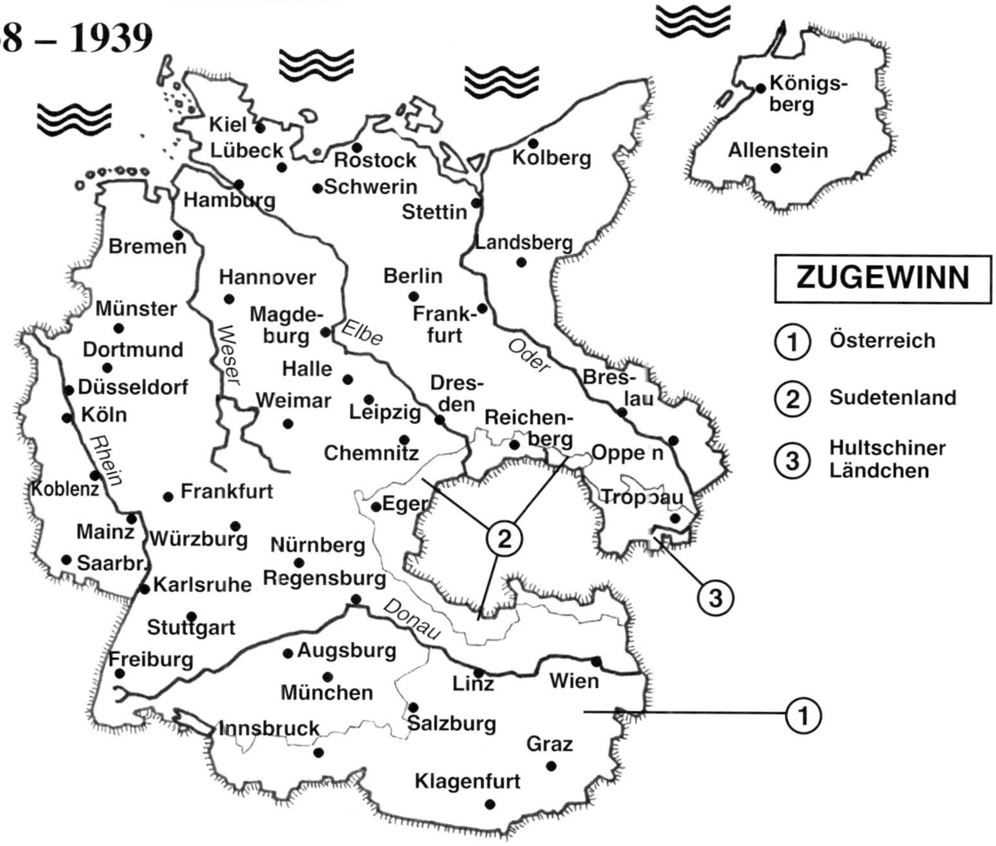

ach dem Einrücken der /ehrmacht am **12. März 1938** ird der Anschluß Österreichs ns Deutsche Reich verkündet. on der Münchener Konferenz Deutsches Reich, England, rankreich, Italien) gebilligt, ommt es am **1. Oktober 1938** ur Vereinigung der deutschen ebiete der CSR mit dem eich, das nun als Großdeutsches Reich tituliert wird.

GROSSDEUTSCHES REICH

bis 1.9.1939

as verkündete Prinzip, nur eutschen Volksboden dem eich zurückgewinnen zu woln, verletzend, verleibt Hitler n **15. März 1939** Böhmen und ähren aus der zerfallenden SR als Protektorat seinem achtgebiet ein. Als letzte edliche Revision des Versailr Diktats kommt es eine /oche später, am **22. März 939**, zur Wiedervereinigung it dem rechtswidrig von tauen annektierten Memelnd.

GROSSDEUTSCHES REICH

bis Mai 1940

ZUGEWINN

1. Danzig
2. Suwalki
3. Nach dem Ersten Weltkrieg verlorene Gebiete
4. Generalgouvernement („Nebenland“ des Reiche

*Gleich zu Beginn des Polenfel
zuges, **September 1939,** wird d
Wiedervereinigung mit dem deu
schen Danzig, danach die Rüc
gliederung der nach 1918 a
Polen verlorengegangenen Pr
vinzen des Reiches im Osten vo
zogen. Unter Bruch des Selbs
bestimmungsrechtes gliedert H
ler auch rechtmäßig polnisch
Gebiete deutschen Provinzen e
und wandelt den Rest Polens
seinem Machtgebiet in ein „Gen
ralgouvernement“ des Reiche
um. Das Generalgouverneme
wurde in der NS-Diktion nicht a
direkter Teil, sondern als „Nebe
land“ des Großdeutschen Reiche
aufgefaßt.*

GROSSDEUTSCHES REICH

bis August 1940

ZUGEWINN

○ Eupen-Malmedy

*Nach Beginn des Westfeldzuges im **Mai 1940** v
fügt Hitler die Rückgliederung des deutsch
Gebietes von Eupen-Malmedy, das 1920 na
einer manipulierten „Volksabstimmung“ Belgi
einverleibt worden war.*

ZUGEWINN

1. Montzen
2. Luxemburg
3. Elsaß-Lothringen

*Nach dem siegreichen Westfeldzug **1940** werden das deutschsprachige Gebiet von Montzen (bis dahin bei Belgien), der deutsche Staat Luxemburg (bis dahin selbständig) und Elsaß-Lothringen deutscher Zivilverwaltung unterstellt und damit de facto Teile des Großdeutschen Reiches.*

ZUGEWINN

○ Die 1919 abgetretenen Teile Unterkärntens und die Untersteiermark

*Nach dem siegreichen Balkanfeldzug **1941** wird Jugoslawien in seine nationalen Bestandteile aufgelöst. Hitler verfügt, daß die oben genannten ehemaligen österreichischen Gebiete mit starker deutscher Minderheit unter deutsche Zivilverwaltung genommen werden.*

Am 22. Juni 1941 beginnt der Feldz gegen die Sowjetunion Stalins. A ***17. November 1941*** *wird der Kr Bialystok zur Provinz Ostpreuß geschlagen („unter Reichsaufsic gestellt“) und Ostgalizien Teil d Generalgouvernements. Auch a diese Gebiete kann Hitler keinen de schen Rechtsanspruch erheben. 19 kommt das deutsch besiedelte, s Ende des Ersten Weltkrieges v Italien beherrschte Südtirol unt deutsche Zivilverwaltung, ohne d Hitler – aus Rücksicht auf Mussolin es offiziell dem Reich einverleib würde.*

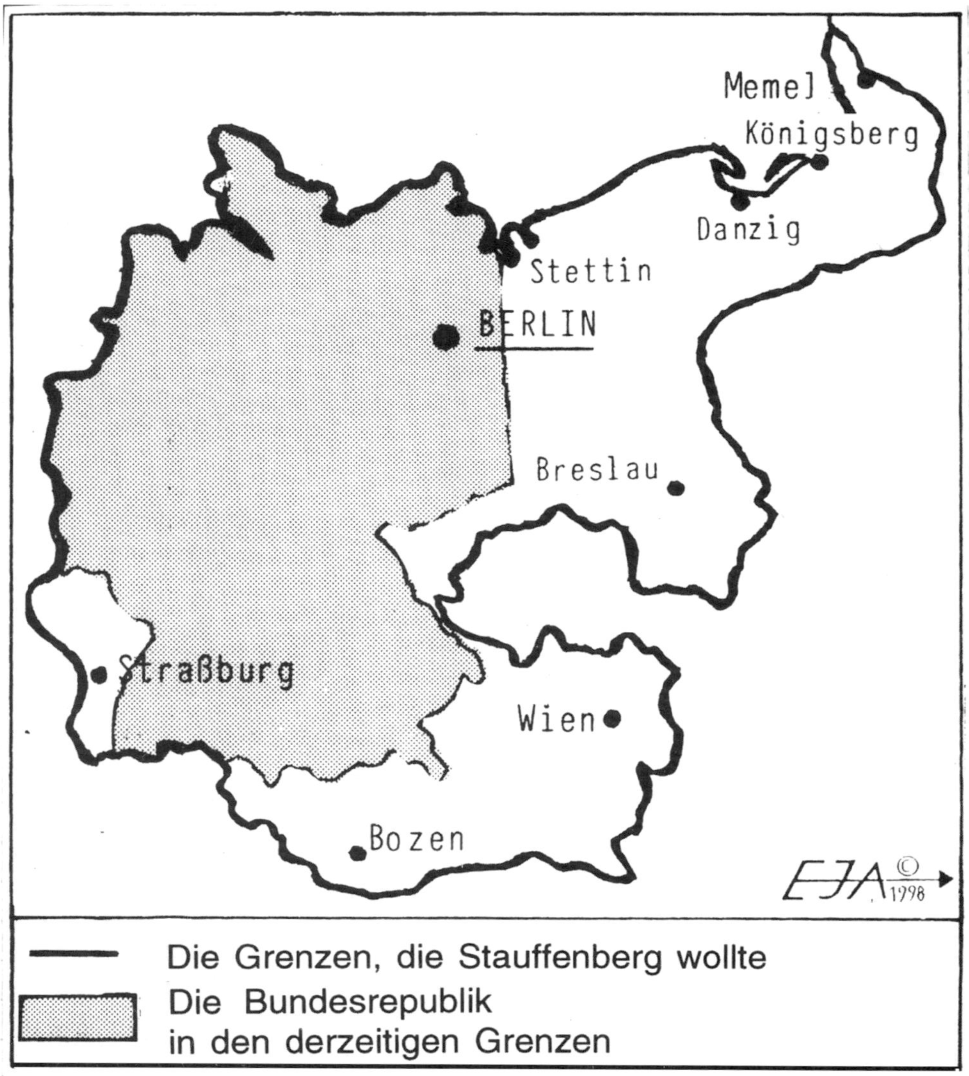

Graf Stauffenberg, Carl Goerde und andere maßgebliche Opposit nelle im Dritten Reich hielten unb dingt am großdeutschen Gedank fest. Goerdeler, vom Widerstand d 20. Juli als Regierungschef vorges hen, trat auch für ein deutsch Kolonialreich in Übersee ein.

DEUTSCHES REICH

9. – 23. MAI 1945

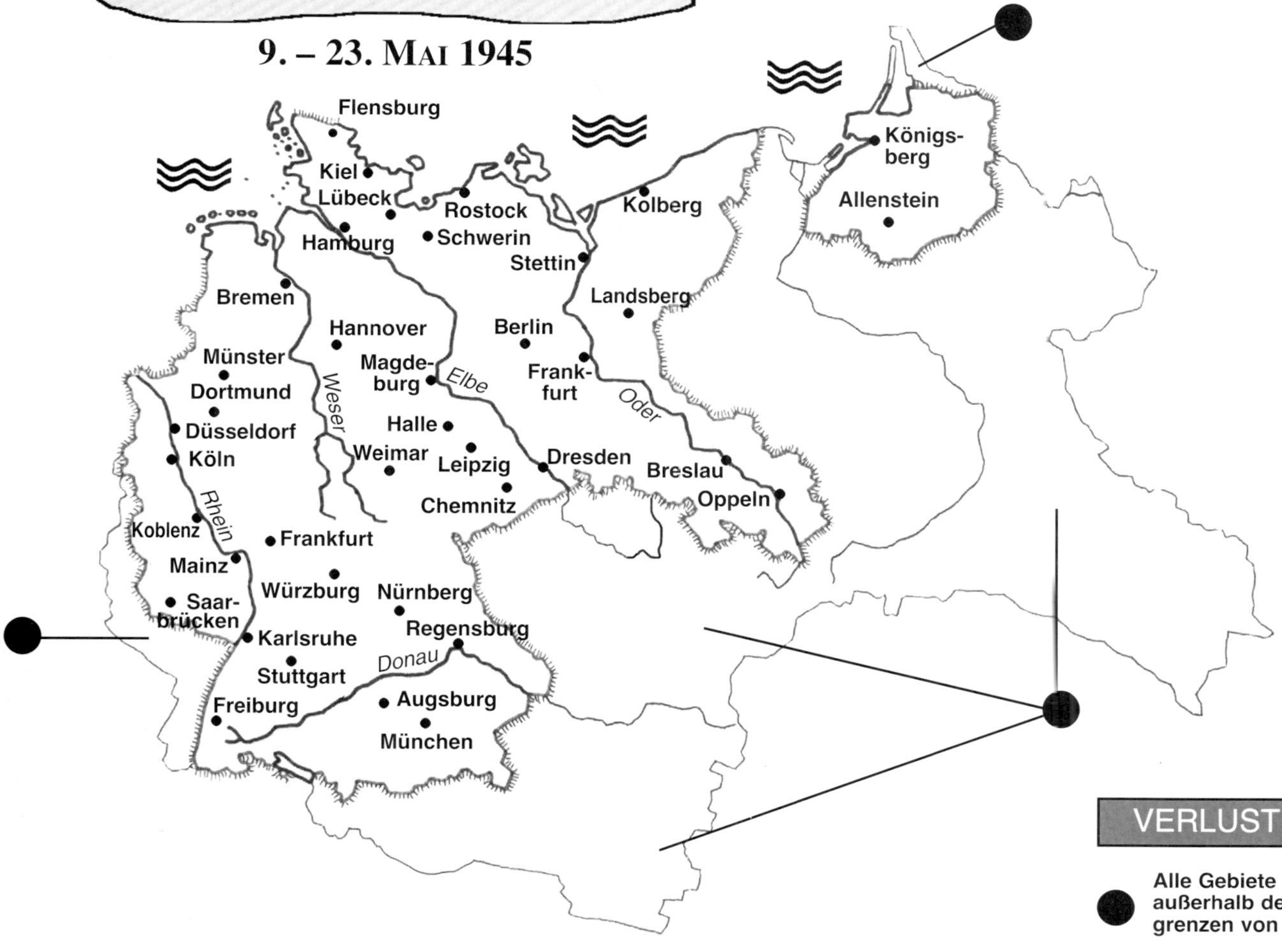

VERLUST

Alle Gebiete außerhalb der Reichsgrenzen von 1937

'ach der Kapitulation (die für die deutsche Wehrmacht, nicht für das 'eutsche Reich erklärt wird) gehen die siegreichen Alliierten von ɔrnherein nur noch vom Deutschen Reich in den 1937er Grenzen ɩus. Damit sind alle Angliederungen seit 1938 faktisch annulliert. eichspräsident ist seit Hitlers Selbstmord am 30. April 1945 roßadmiral Karl Dönitz, der von Flensburg aus die Amtsgeschäfte ıhrt, von den Alliierten zunächst in seiner Funktion als deutsches taatsoberhaupt anerkannt, am 23. Mai 1945 jedoch unter Bruch des ölkerrechts mit seiner Regierung von britischen Soldaten gefangen-ɘsetzt wird.

Großadmiral Karl Dönitz, letzter Präsident des Deutschen Reiches.

DEUTSCHLAND

23. Mai – 2. August 1945

VERLUST

1. Helgoland
2. Saarland
3. Kehl am Rhein

Nach Ausschaltung der Reichsregierung Dönitz ist Deutschland a ***23. Mai 1945*** *vollends alliierter Herrschaft ausgeliefert. England tren Helgoland vom deutschen Staatsgebiet ab, um es über Jahre a Bombenziel zu mißbrauchen; sogar die völlige Vernichtung der Insel wi (vergebens) versucht. Frankreich reißt Kehl an sich und vertreibt d Deutschen; außerdem nimmt es sich das Saarland.*

DEUTSCHLAND

2. August 1945 – 23. April 1949

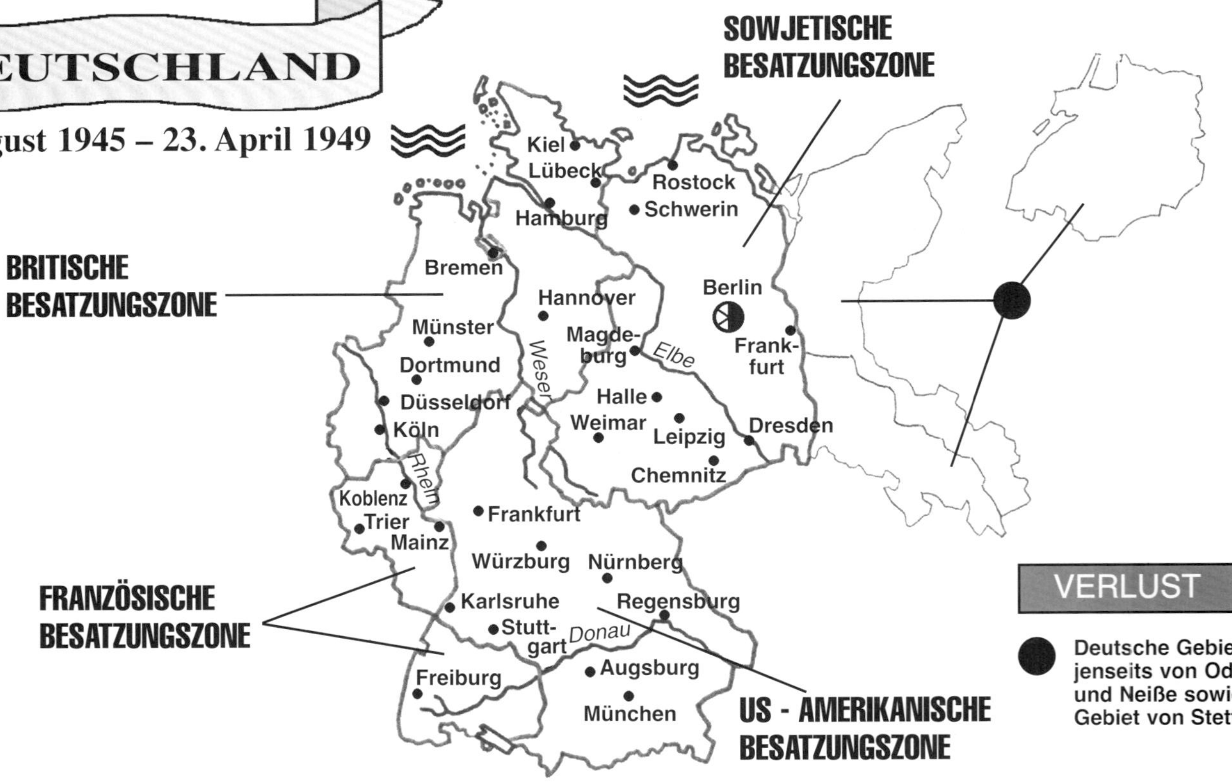

VERLUST

● Deutsche Gebiete jenseits von Ode und Neiße sowie Gebiet von Stetti

Auf der Potsdamer Siegerkonferenz wird im ***August 1945*** *die Zonen- bzw. Sektorenaufteilung Deutschlands und Berli sowie Österreichs und Wiens verfügt. Das nördliche Ostpreußen kommt zum sowjetischen Machtbereich, das übri Ostdeutschland jenseits von Oder und Neiße wird polnischer Verwaltung unterstellt (im November 1945 reißt Pol zusätzlich das diesseits der Oder gelegene Gebiet um Stettin an sich). Die Aussiedlung der Deutschen soll na Potsdamer Übereinkunft „geregelt“ und ohne Exzesse vor sich gehen. Der Vertreibungsterror aber nimmt holocaustarti Ausmaße an; Millionen Deutsche kommen in den Ost- und Sudetengebieten und bei der Vertreibung aus Ost- u Südosteuropa um.*

BUNDESREPUBLIK / DDR

1949 – 1952

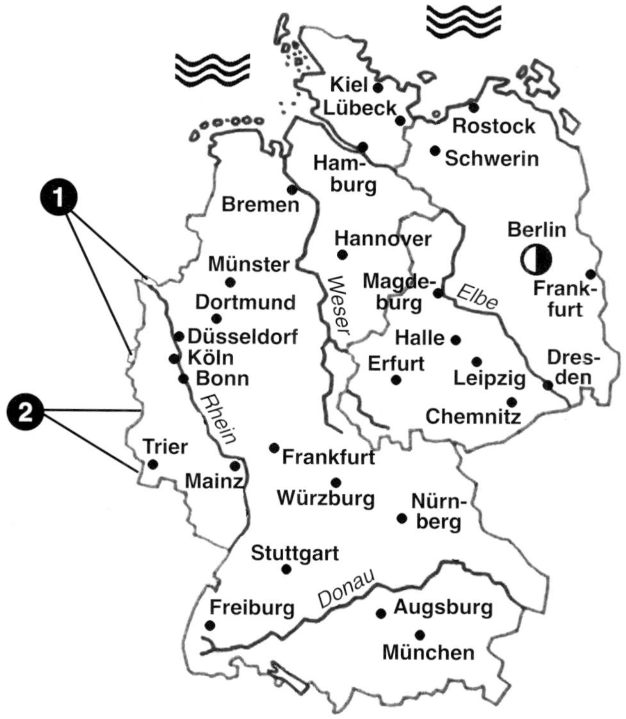

Deutsches Bundeswappen

VERLUST

1. Elten, Selfkant
2. Grenzgebiete zu Belgien und Luxemburg

*Noch vor Gründung der Bundesrepublik Deutschland **1949** reißen die Niederlande Elten und Selfkant sowie Belgien und Luxemburg einige deutsche Grenzgebiete an sich.*
Infolge des eskalierenden Kalten Krieges zwischen der Sowjetunion und den Westmächten ist man sowohl im Westen wie im Osten von antideutschen „Endlösungsplänen“ nach und nach abgerückt. Jeder Sieger will nun die Deutschen seines Machtbereiches für die eigenen Pläne einsetzen. Diese weltpolitische Lage, verbunden mit der international bestaunten und weltgeschichtlich unvergleichlichen Wiederaufbauleistung der Deutschen in allen Teilen des zertrümmerten Reiches, sichert das Überleben des deutschen Volkes und ermöglicht das Entstehen neuer deutscher Staatlichkeit in von den Siegermächten eng begrenztem Rahmen.
Am 1. Januar 1947 wurden die britische und die US-amerikanische Besatzungszone zur rund 200 000 Quadratkilometer großen „Bizone“ zusammengefügt, im Frühjahr 1949 kam die französische Besatzungszone hinzu. Am 23. Mai 1949 tritt das Grundgesetz für die Bundesrepublik Deutschland in Kraft, die damit als westdeutscher Teilstaat mit dem Ziel der Wiedervereinigung Deutschlands in den Grenzen des Deutschen Reiches von 1937 zu existieren beginnt.
Am 7. Oktober 1949 konstituiert sich in der Sowjetischen Besatzungszone die Deutsche Volkskammer und setzt die Verfassung des „Deutsche Demokratische Republik“ genannten mitteldeutschen Teilstaates in Kraft.
Fortan existieren sechs Staaten in Mitteleuropa mit ausschließlich bzw. weit überwiegend deutscher Bevölkerung: Die Bundesrepublik Deutschland, die Deutsche Demokratische Republik, die Republik Österreich (die 1955 den Abzug aller fremden Besatzer unter Verzicht auf jeden Zusammenschluß mit den übrigen Deutschen und bei Geloben immerwährender Neutralität erreicht), das Großherzogtum Luxemburg, das Fürstentum Liechtenstein und die Schweiz.
Zum ersten Präsidenten der Bundesrepublik Deutschland wird 1949 Theodor Heuss gewählt, Präsident der DDR wird Wilhelm Pieck.

BUNDESREPUBLIK / DDR

1952 – 1953

BUNDESREPUBLIK / DDR

1953 – 1956

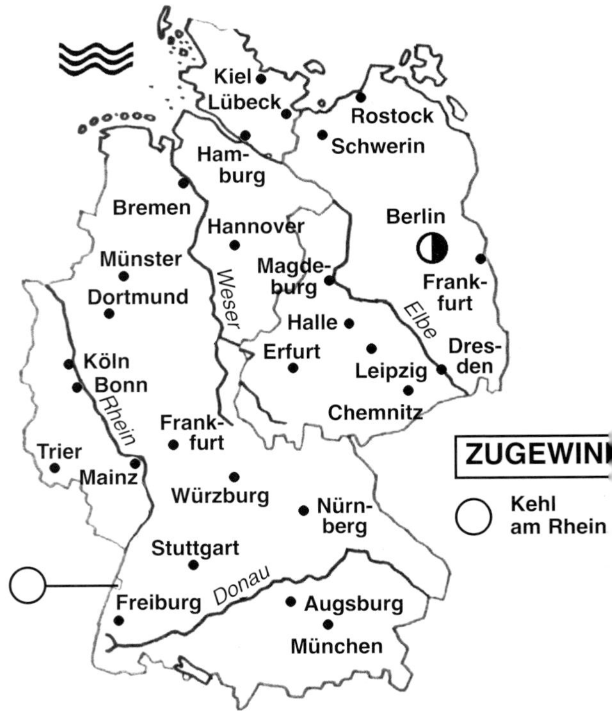

BUNDESREPUBLIK / DDR

1956 – 1957

__1952__ gibt Großbritannien das bombenverwüstete Helgoland an die Bundesrepublik; die vertriebenen Deutschen kehren zurück, der Wiederaufbau der Insel beginnt. __1953__ schließt Frankreich die Räumung von Kehl am Rhein, gegenüber Straßburg, ab und überläßt die Stadt der Bundesrepublik. 1954 wird vonseiten der Sowjetunion die Souveränität der DDR verkündet; 1955 folgt eine Souveränitätserklärung für die Bundesrepublik in Abkommen mit den Westmächten. __1956__ geben Belgien und Luxemburg den Bundesdeutschen Grenzgebiete zurück, die 1949 okkupiert worden waren.

BUNDESREPUBLIK / DDR

1957 – 1960

BUNDESREPUBLIK / DDR

1960 – 1990

ɔi der Volksabstimmung 1955 lehnen die Deutschen an der Saar mit Zweidrittelmehrheit die von Bonn und Paris ver-ıbarte „Europäisierung" ihrer Heimat ab und bekennen sich damit zur Wiedervereinigung mit Deutschland, die ***1957*** *poli-ch, 1959 wirtschaftlich vollzogen wird.* ***1960*** *geben die Niederlande die Gebiete Elten und Selfkant an die Deutschen ırück. Damit ist die deutsche Westgrenze von 1937 wiederhergestellt.*
)84 kommen Paris und Bonn überein, daß eine Besatzungsverordnung von 1949 aufgehoben wird, die den rund 7 ıadratkilometer großen Mundatwald in der Pfalz Frankreich einverleibte, wobei Deutschland allerdings den Franzosen ıs Privateigentum an dem Landstrich überlassen muß. In den 70er Jahren bricht der Konflikt zwischen DDR und Polen ›er die Oderbucht aus, der sogar zu Gewaltanwendung (Havarien, Schußwaffeneinsatz) führt und den Moskau 1988 mit ıer Art „Stillhaltevereinbarung" zu schlichten versucht. Ostberlin wollte die 1977 von Warschau einseitig verfügte ısweitung der polnischen Hoheit in der Oderbucht nicht akzeptieren und hatte 1985 seinerseits eine entsprechende ısweitung der Hoheit der DDR verkündet.

Theodor Heuss, Bundespräsident von 1949 bis 1959 (linkes Bild), und Heinrich Lübke, Bundespräsident von 1959 bis 1969 (rechtes Bild). Beide Staatsoberhäupter verkündeten – wie die anderen maßgeblichen christ-, frei- und auch sozialdemokratischen Politiker der bundesdeutschen Nachkriegsjahrzehnte – die Wiederherstellung Deutschlands in den Grenzen von 1937 als Ziel der Bonner Politik.

BUNDESREPUBLIK DEUTSCHLAND

ab 1990

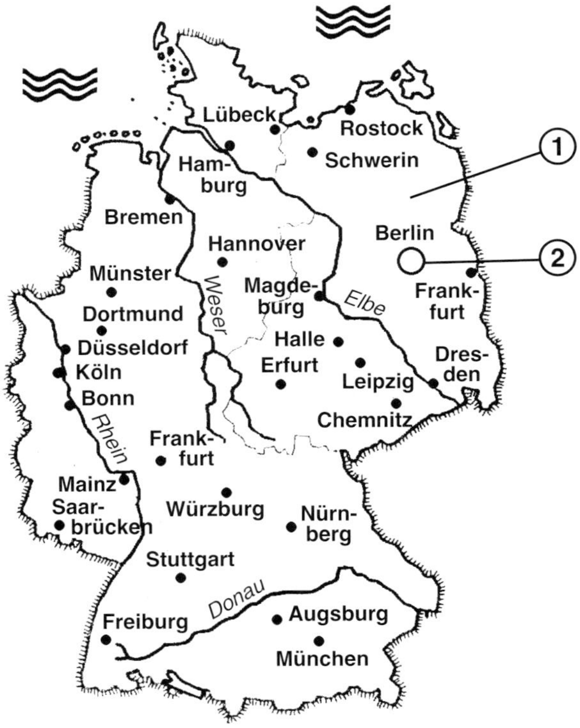

ZUGEWINN

(1) **Vereinigung mit Mecklenburg-Vorpommern, Brandenburg diesseits der Oder und Neiße, Sachsen-Anhalt, Thüringen, Sachsen (ohne das sächsische Gebiet jenseits der Neiße, mit schlesischem Gebiet diesseits der Neiße)**

(2) **Wiedervereinigung Berlins**

*Entgegen Politik und Prognosen Herrschender in den deutschen Teilstaaten und bedingt durch den neuen Kurs Sowjetrußlands sowie das Aufbegehren der Deutschen in der DDR für die Wiedervereinigung kommt es am 9. November 1989 zum Fall der Berliner Mauer und am **3. Oktober 1990** zur offiziellen Vereinigung von West- und Mitteldeutschland durch den Beitritt der auf dem Gebiet der DDR wiedererstandenen Länder zur Bundesrepublik Deutschland. Die dabei als endgültig bezeichnete Bonner Verzichtserklärung auf die Gebiete jenseits von Oder und Neiße, Stettin eingeschlossen, wird mit der Behauptung untermauert, ansonsten sei die Vereinigung von Bundesrepublik und Ex-DDR nicht möglich.*

Die nunmehrige Bundesrepublik Deutschland, gegliedert in 16 Bundesländer (Hauptstadt: Berlin), organisiert auf rund 360 000 Quadratkilometern Fläche, was in etwa zwei Dritteln der Ausdehnung des Bismarck-Reiches entspricht, mit rund 83 Millionen Einwohnern, wovon 75 Millionen Deutsche sind, drei Viertel der Deutschen Mitteleuropas staatlich.

Die Grenze zum polnischen Machtbereich teilt die deutschen Länder Pommern, Brandenburg, Schlesien (dessen westlichster, diesseits der Neiße gelegener Teil zum Bundesland Sachsen gehört) und Sachsen (dessen jenseits der Neiße befindlicher Landstrich polnisch beherrscht wird), zerschneidet außerdem mit Usedom die nach Rügen zweitgrößte deutsche Insel und trennt den Ostteil von Städten wie Guben, Forst und Frankfurt/Oder vom Westteil.

Unter den Deutschen, die im polnischen Machtbereich Vertreibungsterror und Polonisierungsdruck überdauert haben, regt sich neues Volksbewußtsein in der Öffentlichkeit; in Oberschlesien haben etliche Gemeinden wieder deutsche Bürgermeister. Prag hat die Herrschaft über die Slowakei verloren, hält aber unbedingt an den sudetendeutschen Gebieten fest und verweigert die Rückgabe geraubten deutschen Eigentums. Russische Politiker und Publizisten regen Verhandlungen mit den Deutschen über die weitere Zukunft des nördlichen Teils Ostpreußens mit der Hauptstadt Königsberg (Kaliningrad) an, stoßen aber in Bonn auf taube Ohren; Rußlanddeutsche siedeln sich in Nordostpreußen an, das seit der Auflösung der Sowjetunion eine Exklave des Moskauer Herrschaftsbereichs fernab des eigentlichen Rußlands ist. Die Teilung Tirols durch die Brennergrenze dauert an; doch wird die Selbstbestimmungsbewegung unter den Deutschen Südtirols wieder stärker, zumal in Norditalien (Lombardei) der Ruf nach Loslösung von Rom laut geworden ist. In Elsaß-Lothringen wird zunehmend auf Beachtung der angestammten deutsch-alemannischen Eigenart und Kultur gepocht. Da sich die Auflösung Belgiens in seine nationalen Bestandteile (Flamen/Wallonen) fortsetzt, dürfte sich mittel- und langfristig die Frage nach dem weiteren Weg Deutsch-Ostbelgiens (Eupen, Malmedy) neu stellen.

Gegen Ende der 90er Jahre verstärken etablierte bundesdeutsche Politiker ihre Bemühungen, deutsche Souveränität für einen „Europastaat" zu opfern, und wird das Überfremdungsproblem infolge Massenzuwanderung von Ausländern bei niedriger deutscher Geburtenzahl immer brennender.

ie Ankündigung des Falls der Mauer in Berlin am 9. November 1989 signalisierte eine Umwälzung, die schließlich zur iedervereinigung der deutschen Hauptstadt und von West- und Mitteldeutschland führte. Die Abbildung zeigt die von ottfried Schadow geschaffene Quadriga mit dem von Schinkel eingefügten Eisernen Kreuz auf dem Brandenburger r zu Berlin, einem Werk des schlesischen Meisters der Baukunst Carl Gotthard Langhans